絶望大国アメリカ

絶望大国アメリカ

――コロナ、トランプ、メディア戦争

武隈喜一

水声社

目次

1 波乱含みの新年——一月－二月

インフルエンザが心配だ

正月を日本で過ごし、二〇二〇年一月十三日、ニューヨークのJ・F・ケネディ空港に到着した。成田からの直行便は満席で、マスクをしている人はいなかった。午後六時過ぎに着いた空港のパスポートコントロールでは、長い行列に並んで順番を待つ間に、ローマ便、イスタンブール便など、後から到着した観光客が降りてきたため、身動きが取れないほどだった。一時間ほどしてようやく順番が来たが、入国係官も「ニューイヤーはどうだった？」と聞くだけで、中国で発生したウイルスのことなど、関心がないようだった。

イエローキャブもすぐにつかまり、マンハッタンへ向かう道路もいつも通り渋滞していた。いつも通りのニューヨークだった。

アッパーイーストの家に着くと、日本に残っていた妻から連絡が来て、前夜から熱があったので医者に行ってみるとA型インフルエンザと診断され、予定していたニューヨークへの戻り便を一週間延ばした、ということだった。

この時期、日本での心配事は、新型コロナウイルスよりも冬の流行期を迎えたインフルエンザだった。

「新型コロナウイルス」が初めてニュースに登場したのは二〇二〇年一月九日、中国の国営新華社通信が、湖北省武漢市の十五人の入院患者から「新型のコロナウイルス」が検出されたと発表した時だった。この時点で「死者」はなく、人から人への感染は「報告されていない」としていた。

二日後の一月十一日、武漢市の海鮮市場で買い付けをしていた六十一歳の業者の男性が肺炎によって死亡したが、中国政府はこの時点でも「人から人への感染は確認されていない」としていた。日本の専門医も「過度に心配する必要はないだろう。これ以上広がる可能性は低い」(『朝日新聞』一月十一日)との見解を語っている。その五日後には中国国内で二人目となる六十九歳の男性の死亡が発表された。中国以外では、タイに入国した二人の中国人の感染が確認されていただけだった。

中国が「ヒトヒト感染」の可能性を発表したのは、一月二十日になってのことだ。この日、中国で三人目の死亡が発表され、中国国内の感染者は二百十八人にのぼる。武漢以外では北京で五人、上海で一人、広東省でも十四人の感染者が発表され、習近平主席は陣頭に立って封じ込めを指示した。

同じ日、韓国でも武漢帰りの中国人女性の感染が発表された。

まもなく始まる中国の旧正月「春節」での大量の中国人旅行者の移動が懸念された。

中国政府は一月二十一日、新型コロナウイルスを法定伝染病に指定した。三十億人が移動するとされる春節のピークは一月二十二日とみられていた。その直前、ぎりぎりの指定だった。これに基づき、武漢市はあらゆる団体旅行の出発中止の措置をとった。

日本政府も関係閣僚会議を開いて、安倍晋三首相が万全の対策を取るよう指示し、厚生労働省は一月二十四日から、「武漢から日本への直行便と経由便の機内で、せきや発熱などの症状の有無や日本での連絡先を書く質問票を乗客に配り、空港の検疫官への提出を求める。また、武漢に加えて上海から日本に来る航空機でも、症状があれば空港の検疫所で申告するよう機内アナウンスなどで周知するように国内外の航空会社に依頼する」(『朝日新聞』)こととなった。

一月二十二日、中国での感染者数は五百四十人を超え、死者は十七人となった。

二十四日には、感染者数は八百七十人を超え、死者は二十六人。日本政府は湖北省への「渡航中止勧告」を発した。

日本国内でも一月十六日、武漢への渡航歴のある男性から初めての感染が確認された。しかし、春節で日本を訪れる中国人観光客への規制はまったくなかった。この時点で感染者が確認されたのは中国以外に、日本、タイ、米国、韓国、台湾、マカオ、香港、シンガポール、ベトナム、ネパールに上った。

一方WHOは緊急会合を開いたものの、「中国は非常事態だが、世界的な健康上の非常事態には到っていない」として「緊急事態宣言」を見送った。

武漢市は二十六日から自動車による越境禁止を発表した。二十三日の航空機乗り入れ禁止に続き、ついに武漢の完全封鎖に踏み切った。同日、武漢から日本に観光に来ていた三十代の中国人女性が、日本国内三例目の感染者として確認された。

一月二十六日、インフルエンザでニューヨークへの戻り便を遅らせた妻を迎えにJ・F・ケネディ空港に行った。

第一ターミナルは出迎えの人でいっぱいだった。どこの国の人でも、ゲートから出てきて出迎えの家族と抱き合いキスしているのは心温まる光景だ。みんな大きな口を開けて大声で笑いながら挨拶を交わしていた。マスク姿の人はこの日も一人もいなかった。

「すべてうまくいくだろう」――トランプ大統領は言った

米国CDC（疾病対策センター）のレッドフィールド所長は、中国政府が新型ウイルスについて正式に公表する前に、中国政府から最初の情報提供を受けていた。この情報はHHS（米国保健福祉省）にも伝えられ、CIAからもトランプ大統領に報告された。

中国が、「新型コロナウイルス」と断定する前、「奇妙な病気」について二〇一九年十二月三十一日に報道があった時から、米政府は十五人の職員をジュネーブのWHO本部に張り付かせ、そのほか六人のWHO詰めの米政府職員がウイルス情報の収集に全力を挙げていた。

しかし、トランプ大統領の動きは鈍かった。

保健福祉省のアザー長官がようやくトランプ大統領と直接面談する機会を得たのは一月十八日だった。長官はこの新しいウイルスについて話そうとしたが、大統領の口から最初に出てきたのは、電子タバコの禁止がいつ始まるのか、という質問だった。アザー長官は一月三十日にも電話で大統領にパンデミックの可能性を伝えたが、大統領は「アザーは人騒がせな心配屋だ」と切り捨てた。

一月二十一日には西海岸のシアトルで、米国初の感染者が確認されていた。三十代の男性が武漢への旅行を終え、一月十五日に帰国後、地元のクリニックで検査を受け、ウイルスに感染していることがわかったのだ。

トランプ大統領が初めて新型コロナウイルスに言及したのは、その翌日一月二十二日のことだった。米国のテレビ局CNBCの記者の質問に答えて、大統領は「わたしたちは感染をコントロール下に置いている。いい方向に進むだろう」と楽観的に語り、三十日にも再度、ウイルスについて「とてもうまく終息させるだろう。間違いない」と語った。

この時期、トランプ大統領は中国政府の取り組みについて賞賛を送っていた。「中国はコロナウイルスの封じ込めに懸命だ。米国は彼らの努力と透明性におおいに感謝する。すべてうまくいくだろう。米国民を代表して習近平主席に感謝したい」――これは一月二十四日のツイートだ。この態度が豹変するのは三月になってからだ。

一月三十一日、米政府は公衆衛生上の緊急事態宣言を行い、過去十四日以内に中国に滞在した外国人の入国を二月二日から拒否する決定を下した。米国籍と永住権の保持者にも、入国後十四日間の隔離を義務づけた。中国から米国に渡航する人は一日平均一万四千人を超えるが、その大動脈を一挙に止め、中国からウイルスを持ち込ませないという水際作戦だった。米国内の感染者は七人にとどまっていた。

この日のニューヨーク株式市場では世界の経済大国間の人とモノの往来が閉じられることで貿易の見通

しが不安視され、ダウ工業株平均が一カ月ぶりの安値で取引を終えた。株価の乱高下が始まった。

しかし、この頃、トランプ大統領は、新型ウイルスの脅威について、ほとんど意識していなかった。専門家は何度も警鐘を鳴らしたが、感染者数はまだ少なかったし、死者も出ていなかった。そして何よりも、トランプ大統領自身の立場を左右する、米国史上三度目の大統領弾劾裁判が、議会で進んでいたからだ。

「党員集会もまともにできないくせに」――弾劾裁判と民主党予備選

米下院本会議は二〇一九年十二月十八日、「権力乱用」と「議会妨害」でトランプ大統領を弾劾する決議案を可決した。ウクライナのゼリンスキー大統領に対して、軍事援助停止を脅しに使いながら、バイデンの息子のウクライナでの汚職疑惑を調査するよう求めたこと、そして下院の調査協力要請をはねつけたことがその理由だ。

弾劾裁判は二〇二〇年一月二十一日から上院を舞台として開かれた。上院は共和党が議席の過半数を握っているため、トランプ大統領に無罪評決が出ることは確実だった。

この日は米国内で最初の感染者が確認された日だった。しかし、トランプ大統領は民主党との神経戦に集中していた。両党の議員や、テレビ局のコメンテーターも、新型コロナウイルスについて触れることはほとんどなかった。

さらに、二十人以上の候補者が乱立している民主党の最初の党員集会が二月三日に迫り、大統領選挙を秋に控えた米国は、政治の季節が始まろうとしていた。

一月末時点の中国全土での感染者は九千八百二人。それに続くのはタイ十九人、日本十七人で、米国の政治家も国民も、このウイルスに対しては、中国とアジアの感染症という認識しかもっていなかった。むしろ、例年この時期に流行するインフルエンザに気を奪われていた。

弾劾裁判のさなか、トランプ大統領は議会で一般教書演説を行った。その中で大統領は「われわれは中国政府と調整を行っており、中国での感染拡大に対して緊密に作業している」と述べ、習近平主席との協調政策を強調していた。

結局、二月五日、予想通り弾劾裁判はトランプ大統領に無罪の評決を下す。

そして、最初の民主党党員集会が開かれたアイオワ州では集計をめぐって混乱し、二日経ってもまだ結果は出なかった。トランプ大統領は「党員集会もまともにできないくせに、民主党がどうやって国を統治できるんだ」と揶揄した。

弾劾裁判を乗り切ったトランプ大統領は、新型コロナウイルスには警戒感を見せなかった。二月十日には「ウイルスはうまくいく」、十九日にも「うまくいくだろう。四月に入って暖かくなれば、ウイルスにはたいへんネガティブな効果を与えるだろう。どうなるか見てみよう。うまくいくだろう」と語るだけだった。

野党民主党の大統領候補選びは左派のサンダースがトップを走り、若手の中道派ブティジェッジと接戦を繰り広げていた。オバマ政権の副大統領で本命とされていたバイデン候補は出遅れていた。一方、共和党の基盤も盤石なトランプ大統領が神経をとがらせていたのが、新型コロナウイルスによる株式市場の混乱だった。好調な経済と低失業率を背景に再選を勝ち抜くというトランプ陣営の思惑からすれば、ウォール街に不安を与える言動は極力控えたかった。

「真実よりも大きな物語を」——デス・スターの戦略

ワシントンの官庁街を離れたポトマック川の対岸に、ガラス張りのモダンなオフィスタワーがある。その十四階は〈デス・スター〉と呼ばれていた。あの『スター・ウォーズ』で、惑星を一撃で破壊するスーパー・レーザー砲を持つ銀河帝国の要塞惑星の名だ。その要塞を仕切るのは、トランプ陣営の選挙運動責任者、ブラド・パースケイルだった。

パースケイルは、前回の選挙でトランプ陣営のデジタル部門責任者を務め、その功績によって、政権発足直後には早くも今回の選挙運動の責任者に任命された。グーグルとフェイスブックに大量の広告を打ち、ヒラリー・クリントンを犯罪者だと決めつけ、ヒラリーが勝てばイスラム・テロリストと非合法移民が大量に流入してくるという恐怖をあおりたてる宣伝を展開した人物だ。

二〇一六年の選挙では、六月から十一月までにヒラリー陣営がフェイスブックに出した広告が六万六千回だったのに対して、トランプ陣営は五百九十万回の広告を打った。フェイスブックから大量の個人情報を盗み、選挙用のアルゴリズムを組みたてたケンブリッジ・アナリチカ社とともに、パースケイルのデジタル戦略は、トランプ勝利に貢献した。

二〇二〇年の再選戦術もその延長上にあった。

その基本戦略は、真実よりも、大きな物語を米国民に届けることだった。トランプ大統領のメディア攻撃は、「メディアが〈真実だ〉と言うより大きな声で、われわれの〈大きな物語〉を売り込んでいく」ことを目的としていた。そのためには記者個人のプライバシーを暴き、個人攻撃することさえも厭わない。

元首席戦略官スティーブ・バノンが言ったように「文化戦争が戦争である限り、戦争には犠牲者がつきものだ」という冷徹な論理に基づいている。虚偽情報や、都合のいい情報をネットで自動的に拡散していく手法はすでに日常的な方法となっていた。

そして効果的に使われたのが、デジタル広告ならではの「マイクロ・ターゲッティング」だ。有権者をデータによって細分化し、小さなニッチに分け、それぞれの嗜好に合ったデジタルメッセージをインターネットで個別に流していく。トランプ陣営は米国の有権者一名につき三千項目のデータを集めたと言う。広告のターゲットは、性別や居住地、支持政党だけではなく、銃の所有者か、ゴルフ・チャンネルの視聴者か、など細かいデータに基づいて分けられていて、それぞれにアピールするメッセージを送る。二〇一九年の弾劾審議開始直後には、トランプ陣営は、内容の異なる一万四千通りの広告をSNSに流したと言われているが、これは選挙本番へ向けた予行演習だった。

トランプ陣営が力を入れていたのは、個人の携帯番号の入手と蓄積で、有権者に合わせたテキストメッセージを集中的に送っていく計画だった。

AIとデータを駆使しながら、虚偽情報をいかに効果的にばらまいて有権者に届け、情報を混乱させながら自陣営に有利に導いていくか——苛烈な宣伝戦が繰り広げられていた。

「トランプを追い落とすまで広告を打ち続ける」

大統領選挙と中間選挙の年は、テレビ局にとって選挙CMの書き入れ時だ。

二〇二〇年の選挙広告費は、大富豪マイケル・ブルームバーグの参戦で、従来と大きく異なる様相を呈していた。

ブルームバーグは、「自分が民主党の候補者争いに敗れても、トランプを追い落とすまで広告を打ち続ける」と話していた。保守派のテレビ局フォックスニュースがブルームバーグの反トランプCMを流したことから、トランプ大統領が激怒し、激しいブルームバーグ批判を繰り広げていた。

二人はアメリカンフットボールの祭典スーパーボウルでも、六十秒スポットCM枠をそれぞれ一千万ドル（約十一億円）で買っていた。

共和・民主両党の大統領候補が二月末までに使った広告費は十億ドル（約一千百億円）を超えた。これは冬季五輪の総広告費に相当する額だった。民主党は九億六百万ドル（約一千六十億円）、トランプ陣営は六千七百九十万ドル（約七十四億六千万円）にとどまっていた。

全体のほぼ半分がブルームバーグの出費だった。ブルームバーグはテレビ広告を利用した「トランプ批判」に重点を置き、トランプの砦であるフォックスニュースを中心に広告を打ち、トランプ支持者の切り崩しを狙った。

一方、トランプ大統領が他の候補と決定的に異なるのは、広告費の七割をデジタル広告に充てていて、主戦場をフェイスブックに置いている点だった。トランプ陣営は前回の選挙以上に、ターゲット化されたデジタル広告を重視していた。

「ウソつきバイデン！」

予備選の行方を占う〈スーパーチューズデー〉を控え、出遅れを取り戻そうと必死の選挙戦を展開しているバイデン候補を批判するテレビCMが登場した。〈大統領防衛委員会〉というトランプ支持団体が作ったCMで、バイデン候補をおとしめるネガティブキャンペーンの一環だった。

米国では企業や団体による候補者への直接献金が禁止されていたため、政治献金の受け皿となるPAC（政治活動委員会）が選挙資金を調達してきたが、二〇一一年以降、献金の上限がなくなり、「スーパーPAC」と呼ばれるようになった。これによって対立候補へのネガティブCMなどに無制限の資金が使われるようになった。

CMは「バイデンはわれわれのコミュニティを助けると約束した。だが、それはウソだった」というナレーションに続き、オバマ前大統領が黒人政策について話す短い言葉が挿入されているのだが、この部分はオバマのまったく関係ない談話から切り取ったもので、バイデン候補とのつながりはない。しかし、編集されたCMを見ると、オバマがバイデンを批判しているようにみえるつくりとなっている。

〈大統領防衛委員会〉は二十五万ドル（約二千七百五十万円）でサウスカロライナのテレビCM枠を買い、この反バイデンCMを流した。バイデンの支持基盤である黒人層の切り崩しを図ろうという狙いだった。

大統領選を決するのはデータだ！

二〇一二年、ミット・ロムニー候補が大差で負け、民主党オバマ大統領に再選を許した共和党は、選挙の敗因を分析して『成長とチャンス計画』という百ページの冊子を作成していた。これをまとめたプリーバス共和党全国委員長は、後にトランプ政権の首席補佐官となるが、選挙の敗因について、「われわれのメッセージは弱かった。われわれはデータでもデジタルでも後れをとっていた」と分析している。

データはいつの時代でも選挙には重要な武器だったが、ネット時代の到来とともに、個人データの意義が重みを増した。二〇一二年の選挙でオバマ陣営は、ボランティアを動員し、フェイスブックを活用して、投票先を決めかねている千五百万人の有権者にピンポイントで攻勢をかけ、勝利をつかんだと言われている。

スマートフォンの普及とSNSの発達、個人データの蓄積と売買が進んだことに伴い、二〇一六年の大統領選挙以降は、資金集めも選挙広告もデータが主役となっている。

ブッシュ政権で戦略を担ったカール・ローヴ元上級顧問は二〇一九年十一月、『ウォールストリートジャーナル』に「米国の将来に影響を与える武器競争が行われている。それは次世代の核兵器でも超音速ミサイルでもない。最高の政治的データをどちらが取るかという、共和党と民主党の戦いだ」と書き、熾烈なデータ戦争に触れている。

共和党全国委員会は、収集した有権者の個人情報を、共和党系の〈データ・トラスト〉という組織に一元化して管理分析し、ターゲットを絞った選挙宣伝を行うようになった。〈データ・トラスト〉には、有権者ファイルやデータ会社から集めた全米五十州二億六千万人分のデータが管理されていると言われている。組織は共和党の外部にあるため、保有するデータを利用した資金集めキャンペーンにも法的規制はない。二〇一六年以降は、〈データ・トラスト〉への一元化が進み、圧倒的な支配力を持つデータ管理団体となっている。ローヴは「〈データ・トラスト〉の存在はドナルド・トランプが二〇一六年の選挙を勝てた原動力のひとつだ」と述べている。

また共和党は、小口の献金を集める民主党の〈アクトブルー〉に対抗して、〈ウィンレッド〉という集金マシーンを二〇一九年夏に設立した。〈ウィンレッド〉の創設を進めたのは、トランプ大統領の娘婿ジャレド・クシュナーと、選挙運動責任者を務めるパースケイルだ。皮肉なことに、既成の共和党全国委員会やワシントンの既得権益層に背を向けて当選したトランプ大統領が、共和党に新しい息吹を吹き込み、いまでは共和党議員の票と資金を支えていた。

複数あった共和党のデータ管理団体や、資金集めの組織が、トランプ大統領の元で〈データ・トラスト〉と〈ウィンレッド〉に集約化されたいま、共和党議員の選挙運動への党の支出は、トランプ大統領への忠誠によって格付けされるようになったと言える。

2 政治化する新型コロナウイルス——二月-五月

経済か感染予防か

一月二十九日、トランプ大統領は中国への渡航禁止を打ち出し、新型コロナウイルス・タスクフォースチームを立ち上げた。タスクフォースは、ウイルス蔓延の監視、予防、封じ込め、沈静化が使命で、政府内を調整し、監督することが目的だった。

タスクフォースは、元製薬会社役員で保健福祉省長官のアレックス・アザーを委員長とし、国立アレルギー感染症研究所のアンソニー・ファウチ所長、疾病対策センターのロバート・レッドフィールドらの専門家に交じって、国家安全保障問題担当大統領副補佐官や政策調整担当副補佐官など、ホワイトハウスのメンバーを配し、連日、会議と記者会見を続けた。

日本政府はクルーズ船〈ダイヤモンド・プリンセス〉で発生した集団感染に手を焼いていた。米国内では、西海岸で感染者の発生が散発的に続いたが、二月二十四日、新型コロナウイルス対策として、議会に十二億五千万ドルの緊急支出案が提出された。この時点では米国人の感染者数は五十七人で、そのうち四十人は〈ダイヤモンド・プリンセス〉の乗船関係者だった。死者はまだ一人も出ていなかった。米国内の感染者数は発生から一カ月経っても十七人にとどまっていた。

一方、イタリアでは感染者数が一挙に百五十人に達し、北部ロンバルディア地方の十の都市が封鎖された。このウイルスが中国一国にとどまらず、世界的な脅威となることの恐怖感を、初めて世界が認識したのはこの日だった。

二月二十五日、記者会見した国立免疫呼吸器系疾病センターのナンシー・メソニア教授は、強い危機感を持っていた。「感染拡大が起こるか否かではなく、いつ起きるか、を考えるべきだ」と発言し、病院、学校、企業に準備を整えるよう呼びかけた。メソニア教授はこの時点で〈ソーシャル・ディスタンシング〉が必要であることを説き、「皆さん、ともに備えましょう。事態は悪化する可能性があるのです」として、学校ではクラスを小グループに分けるか全面休校、集会や会議は止め、企業は自宅からのリモートワークを進めるよう促した。

しかし、インドを訪問していたトランプ大統領は、記者会見で「コロナウイルスはわれわれの国では十分コントロールできている。感染者はわずかだ。みんな快方へ向かっている」と話した。大統領に警戒感はなかった。

首都ワシントンDCでは保健福祉省の高官が、上院の公聴会で「米国だけをウイルスから切り離すことはできない。現実的になるべきだ」と話した。この時点で米国内には三千万枚のN95マスクがあったが、

「これで足りるのか」との議員の質問に対して、高官は「もちろん足りない。感染爆発すれば、医療関係者には三億枚が必要になるだろう」と答えた。

一方、国家経済会議のラリー・クドロー委員長は「コロナウイルスは封じ込めができており、経済に深刻な影響はないだろう」と語った。明らかに政権と医療現場を担う専門家との間には、警戒感と危機対応への大きな温度差があった。

トランプ大統領は二月二十六日、「いま感染者が十五人いるが、二、三日中にはゼロ近くになるだろう。素晴らしい仕事だ」と自画自賛した。しかしこのウイルスの脅威についてブリーフィングを受けていた上院情報委員会のリチャード・バー委員長は、プライベートな昼食会で、「コロナウイルスは近年の歴史では例のないほど攻撃的な感染力をもっている。一九一八年のインフルエンザのようになるかもしれない」と警戒感をあらわにした。トランプ大統領は、それでもなお、「消えてなくなる。ある日、奇跡のように消えるだろう」と繰り返した。

そしてこの日、トランプ大統領は突然、タスクフォースチームの責任者にペンス副大統領を任命した。大統領は会見で、「拡散しようが、現在のように低いレベルが続こうが、あらゆる準備ができている」と語り、「米国で広がるとは思っていないが、ひょっとしたら、広がるかもしれない」と付け加えた。

米国政府では、特別な任務を持つ全権チームのトップは、「ツァー」と呼ばれてきた。「ツァー」は、朝起きてから夜寝るまで、その問題について徹底的に取り組む専門家中の専門家の役割だった。しかし、アザーも委員長のままだった。このタスクフォースを誰が率いていくのか不明で、混乱が予想された。

トランプ大統領は会見で「ペンスは適任だ」と持ち上げ、「二〇一四年のインディアナ州知事時代、M

ERS対策にあたり、感染症に対処するリーダーシップと地方政府や医療関係者との連携の重要性を学んだ」と述べた。

けれども、ペンス副大統領の任命は、トランプ大統領のウイルス対策への本気度を疑わせるものだった。キリスト教福音派のペンス副大統領はインディアナ州知事だった二〇一五年、エイズ予防用の注射交換針の購入予算を却下し、州内にエイズ蔓延を許したことがあった。下院議員時代も医療改革にことごとく反対票を投じていた。福音派原理主義者の大多数は聖書の一字一句を神の言葉と信じて科学を退け、進化論や科学的防疫、予防接種などを忌避していた。

ペンスがタスクフォースの責任者に任命されたと知った民主党のペロシ下院議長は、ペンスに面と向かって「あなたがこの役目につくことを、わたしはおおいに危惧している」と伝えたほどだった。

任命された翌日のタスクフォースの会合で、ペンスはさっそく「米国人のリスクは、まだ低い」と語った。

実は、政権内部でも、一月下旬という早い時期にトランプ大統領に直接警戒を促した人物がいた。大統領に手渡したメモの中で、国家通商会議のピーター・ナヴァロ委員長は、「免疫もワクチンも存在しないため、もしこのウイルスが米国で感染爆発すれば、損害は数兆ドルにのぼり、数百万人を深刻な感染か死にさらす危険がある」と書いていた。ナヴァロのメモは、政権上層部にも早い時期から深刻な警戒感をもって臨んだ人びとがいたことを物語っている。

もともとナヴァロは、中国の統計や公式発表に深い疑念を抱いていた。メモの冒頭でナヴァロは書いている。「中国への渡航禁止を導入するか？　パンデミックの可能性が一パーセント以上あるとすると、ゲーム理論による分析では、中国への即時渡航禁止が有効な戦略であることは明らかだ」。

ナヴァロの第二のメモは二月二十三日に書かれた。そこでナヴァロは、「一億人のアメリカ人が感染する可能性があり、百二十万人が命を落とすかもしれない」と述べた。メモには議会から至急三十億ドル（約三千三百億円）の支出を取り付けるよう書かれていた。「ケチケチしている場合ではない」。

この第二のメモは、今後六カ月を想定して、医療従事者用に十億枚の医療用マスクを購入する基金を設けるよう提言していた。このメモを書いたナヴァロは、その後ホワイトハウスのウイルス関連備品サプライチェーンと必要物資の調達を仕切るキーパーソンになるが、経済への打撃を最小限に抑えることがナヴァロの主眼であり、医学的観点から防疫を考えるタスクフォースチームとはことあるごとに衝突していた。経済活動の停滞を最小限に抑えるという目的と、感染抑制のための〈ソーシャル・ディスタンシング〉という、この二つの対立する目標の間で、米国だけでなく、世界中が揺れ続けることになる。

ついに国家非常事態宣言

二月二十九日、新型コロナウイルスによる米国最初の死亡者が確認された。米政府はイラン、イタリア、韓国への渡航を制限した。

三月七日には米国を訪問したブラジルのボルソナーロ大統領とフロリダ州マー・ア・ラゴの別荘で会談したトランプ大統領は、記者の質問に答え、「ちっとも心配はしていない。偉大な仕事をやり遂げた」と語った。数日後、ブラジル大統領一行のなかの三人から陽性反応が確認された。それでもトランプは「静かにしてればいいんだ。なくなるよ」とまったく警戒感を示さなかった。

ＷＨＯは三月十一日にようやく新型コロナウイルスを「地球規模パンデミック」と宣言した。トランプ大統領は全国民に向けてホワイトハウスからテレビ演説を行い、英国を除く欧州各国からの入国禁止を発表した。しかし、年初からこの日までに、すでに約一万三千便の飛行機が欧州各国からニューヨークの空港に到着し、約二百二十万人が米国に入っていた。全米でもっとも多くの感染者と死者を出すことになるニューヨークの感染源は、トランプ大統領が「中国ウイルス」と名指しして危険性を説いていた中国ではなく、ヨーロッパからのウイルスだったことが、後にわかる。

トランプ大統領はこの日にいたっても、ソーシャル・ディスタンシングや学校閉鎖には抵抗していた。経済への打撃を避けたかったのだ。ＣＮＮによれば、トランプ大統領は一月以来十一回、「コロナウイルスはコントロールされている」と話していた。

それでもついに三月十三日午後、大統領は国家非常事態宣言を発し、五百億ドル（約五兆四千億円）を新型コロナウイルス対策に支出することを決断した。大統領はこの日の演説で初めて、新型コロナウイルスは、水際作戦で国境を管理し、外からの持ち込みを防げば対処できるようなものではないと認めた。

専門家チームから、多数のＰＣＲ検査キットが早急に必要だという要請を受けたトランプ大統領は、「全員に検査を受けてほしいわけではない。全員には必要ない。これは過ぎ去る。終わる。そしてわたしたちはウイルスに強くなるだろう」と語った。国家非常事態を宣言しながらも、国民に安心感を与えるというより、新型コロナの影響を少しでも小さく見せたいとする思惑が見える演説だった。

この宣言を境に、「ウイルスをコントロールしている」というトランプ大統領の発言は大きく後退した。記者から「ウイルスは本当にコントロールされているのか」と問われたのに対して、大統領はこう答えた。

「ウイルスのことなら、ノーだ。世界のどの場所でもウイルスはコントロールされていない……。わたしは、われわれの取り組みがコントロールされている、と言っていたのだ。ウイルスについては言っていない」。

CDCは「今後八週間は五十人以上で集まらないように」と勧告していた。結婚式やパレードやスポーツイベント、コンサート、会議などを開かないようにという勧告だった。

共和・民主両党の上院議員や民主党のバイデン候補からは、〈国防生産法〉を使うべきだという意見もでた。

これは一九五〇年、朝鮮戦争に際して作られた法律で、私企業に対して、緊急時において国家防衛に不可欠な装備品の製造を命じることのできる強力な権限を大統領に与える。当初トランプ政権は、この法律は「さらに最悪の状態になったとき」の伝家の宝刀として保留しておきたい考えだったが、三月十八日、〈国防生産法〉の導入を決め、三月二十七日、ゼネラル・モーターズに人工呼吸器の製造を命じた。

ニューヨーク、ロックダウンへ

三月七日、ニューヨークの人びとはいつもと同じ賑やかな日常を送っていた。ニューヨーク市の感染者数は十三人、死者は出ていなかった。マンハッタンとブルックリンのスーパー〈トレーダージョーズ〉の前には長い行列ができていた。消毒液を買いにきた人びとだった。この時はまだ〈ソーシャル・ディスタンシング〉という言葉は耳になじみのない表現だった。人びとはぎっしりと前後を詰めて行列を作っていた。

ブロードウェイは開いていた。客席と舞台裏では頻繁に、そして入念に消毒が行われた。フィットネス・ジムからも、「機材はすべて消毒を行っています」というメールが届いた。

ユダヤ教徒の団体、ニューヨークＵＪＡでは数百のコーシャの食事を配り、オンラインでトラーの朗読を始めた。春のユダヤ教の祭りプーリムが始まろうとしていた。黒ずくめの服をなびかせて騒々しく踊りまくる、一年でもっとも陽気な祭りのひとつだ。しかし、集会を取りやめるシナゴーグも出始めた。カトリックの教会でも聖餐式の聖杯の回し飲みをやめるところもあった。

ワーナーブラザースは新作『スーパーマン』の封切を中止した。大学は海外に留学している学生たちに帰国を促し始めた。しかし、公立学校は通常の授業を続けていた。

この日、ニューヨーク州のクオーモ知事は州全体に非常事態を宣言した。感染者数が八十九人にのぼり、ウーバーの運転手とニューヨーク市北部の町からも二人の感染経路不明の患者が発生したのだ。知事は、人口が密集するニューヨーク市について懸念を示した。この頃、感染の中心はニューヨーク市の郊外、ウエストチェスター郡だった。七十人の感染が確認され、クラスターが発生していた。全米の感染者数は三百八十人、死者の数は十九人だった。

クオーモ知事は会見で言った。「ウイルスより悪いのは過剰に心配することだ」。非常事態宣言を出したことで、クオーモ知事は医療器具の買い付けと医療従事者のアシスタントを勤めることのできる人材探しをスピードアップさせた。このまま感染者数が増加すれば、医療現場が切迫し、医療従事者が足りなくなることは目に見えていた。

州全体では四千人が自宅待機で経過観察を続けていた。そのうち二千三百人は、中国、イタリア、イラン、日本、韓国から数日前に帰国した人びとだった。

三月八日、日曜の朝、いつものようにハーレムの黒人教会の日曜礼拝へ向かった。バスで三番街を北に向かい、百二十五丁目で降り、教会へと歩いた。入口の前で何人かの観光客が、困惑したような表情で立っていた。入口に立つ教会の案内係の男性に尋ねると、今日からは当面、教会員だけを会堂に入れることになった、人が密集する空間を避けるためだという。いつもの教会は密集どころではない。ゴスペルのリズムに合わせて熱狂的に踊る人たちでいっぱいで、吹き出る汗をぬぐいもせずに忘我の状態のまま、男も女も祈る。

三年も通っているので、正式な教会員ではないものの、いつもなら通してくれるのだが、この日は断固として「ノー」だった。

百二十五丁目を西に歩き、モーニングサイドの険しい崖をのぼって、セント・ジョン・ザ・ディヴァイン大聖堂に向かった。毎年クリスマス前には、ハーレムの熱狂のゴスペル教会から聖公会の厳かな聖歌隊へと礼拝をハシゴすることはあったが、日曜日のミサに行くのは久しぶりだった。

セント・ジョン・ザ・ディヴァイン大聖堂のミサはいつも通り、観光客も参列していた。驚いたのは、この日も参列者が聖餐式の聖杯に次々と順番に口をつけていたことだった。もちろん一人が触れた後で、聖杯の縁は白い布で拭われる。だが、時期が時期だけに驚いた。

ミサの後でコロンビア大学周辺を歩き回ったが、レストランもスーパーマーケットも通常の営業を続けていた。

感染はニュースの現場にも及んだ。三月十一日、ニューヨークにあるCBSテレビのスタッフ二人の感染が判明した。CBSは直ちに放送センターの消毒を行った。しかし十三日にはさらに二名の感染が確認された。四人は看板ニュース番組『60ミニッツ』のスタッフだった。

CBSは五十七番街にある放送センターで働く全員を即日リモートワークに切り替え、全館を消毒するとともに、それまでニューヨークから放送していたモーニングショーをワシントンDCのスタジオに移した。

土曜朝の情報番組は最小限のスタッフだけで放送し、日曜朝の『CBSサンデーモーニング』は再放送に切り替えた。

土日の夕方のニュースはロサンゼルスの局から放送し、動画配信作業はボストンとサンフランシスコに移した。

またニューヨークの全スタッフは許可がなければ放送センターに入館できないようにし、封鎖を決めた。当初は二週間の予定だったが、封鎖は半年以上続くことになった。

CBSの事態を受けて、他のテレビ局も報道、情報番組では、キャスターやコメンテーターを自宅からのリモート出演とし、スタジオにはキャスター一人を置くだけで、もっぱらライブ映像をつないで中継を行った。

CBSニュースのジリンスキー社長は、「スタッフを守るためには、〈ソーシャル・ディスタンシング〉が最優先だ。シフトとシフトの間に消毒を徹底する」と語った。

学校閉鎖からリモート学習へ

ニューヨーク市のデブラシオ市長は当初、「学校は開けたままにしておく。もし閉鎖したら、残りの学期はそのまま閉鎖状態になるし、新学期の始まりも迎えられなくなる」と閉鎖には消極的だった。市長は、学校、公共交通機関、ケアサービスの運営を一体として考えていた。学校を閉じれば、子どものいる医療関係者は、家にいて子どもの面倒を見なければならなくなる。もっともウイルスに弱い高齢者を介護するケアワーカーもそうだ。子どもの食事の面倒をみるには、親が家にいなければならない。

クオーモ知事も、児童への感染の影響は不明であるとして休校にはしない方針だった。学校閉鎖は、結局、その他の経済機能を閉鎖することにつながるからだった。

医療従事者たちからも、学校が閉まれば、家にいざるを得ないという声が次々に届いた。そうなると、医療現場も人手不足になる。感染症の専門家たちも子どもを学校から引きはがすだけの学校閉鎖では何の解決にもならないことを理解していた。

三月中旬、ニューヨーク郊外のスカースデールでは、ミドルスクールの先生が陽性反応となったことから学校を一週間臨時閉鎖していた。しかし、生徒たちは学校の外で大人数で集まったり、リスクを意識せずに動き回っていた。

折衷案が出された。特定の何校かを医療的な措置やヘルスケアが必要な生徒のために開けておき、救急医療ワーカーも常駐させる、他の生徒は家にいる、という案だった。

感染を懸念し子どもを休ませる家庭が徐々に増えてきていた。通常なら出席率は平均で九一パーセントなのだが、三月十一日には八八パーセント、十二日には八五パーセントに落ちた。十三日には生徒のみならず教師の出勤率も大幅に落ちた。教職員組合や市議会議長が、親や専門家の意見を背景に、市長と知事に強く閉鎖を迫った。ブルックリンのある学校の二十五人のスタッフのうち、二十人が「欠勤」だという報告もあった。ロウアーマンハッタンの教師たちの間で、学校に行き続けるべきか否かという議論が起こり、「学校を閉鎖すべきだ」と結論付けた。市内各地の学校では陽性反応が出たという噂が飛び交い、消毒のために一日だけ休校を決めた学校も出始めていた。

三月十五日、デブラシオ市長は、ついに市内の約千八百の学校を閉鎖すると発表した。百十万人の子どもたちと七万五千人の教師と百万人の親たちは未曾有の学校閉鎖に向きあうことになった。

学校は三月十六日から閉鎖されるが、教師は最初の一週間を利用してコンピュータを使ったリモート学習の指導方法について訓練することになった。私立学校や大学は、すでにオンライン授業を始めていた。公立学校も一週間後の二十三日からリモート学習に移行することになった。校舎は閉鎖するものの、出勤して働かざるをえないエッセンシャル・ワーカーの子どもたちのために、数校を「学習センター」として開放することになった。閉鎖は四月二十日までの一カ月間だが、もっと長引く可能性もあると市長は言った。最初の一週間は、家庭に余裕がなく、市とボランティアが用意するランチを取りにくる生徒たちのために学校は開けられた。

コンピュータを持たない子どもにはラップトップやタブレットが貸し出され、ネット環境がない家庭にはニューヨーク市が援助することになった。

シアトルや首都ワシントンＤＣ、ミシガン州、メリーランド州も閉鎖に踏み切ろうとしていた。しかしニューヨークは独自の問題を抱えていた。半数近い児童生徒が貧困ライン以下の生活を余儀なくされていたし、十一万四千人はホームレス・シェルターで生活していた。市内には四百五十のシェルターがあるが、Wi-Fi環境はない。そして、ネットへのアクセスがない家庭も多かった。市長は「市はリモート学習への準備を進めているが、最優先の課題ではない」と語っていた。市は三十万台のiPadを配ったが、リモート学習が始まった二十三日からの週までに半数の家庭の手元に届いただけだった。届かない家からは「どうせ市はホームレスの子どものことなんか忘れてるんだ」という声も聞こえた。結局、市はスマートフォンでもつながるようにした。

三月十六日、レストランやバーなどは午後八時から夜間営業禁止となった。デリバリーとテイクアウトでの営業は可能だが、入店はできない。自由の女神もエンパイアステートビルも閉鎖された。五十人以上で集まることも禁止され、スポーツジムや映画館も閉鎖となった。

営業が続けられるのは、ガソリンスタンドや薬局、グロッサリーストア、スーパーマーケットなど生活に直結する業種だけだ。地下鉄やバスは運行を続ける。「エッセンシャル・ワーカー」という言葉がニュースに登場した。

三月十六日のニューヨーク市の新規感染者は四百六十三人、死者は七人を数えた。ニューヨーク州全体の感染者数は九百六十七人だったから、ほぼ半数がニューヨーク市に集中していた。ニューヨーク市の経済的損失は、9・11を超えることが予想された。デブラシオ市長は閉鎖されたレストランやバーで働く人びとへの緊急支援を約束した。しかし、すべては連邦政府からの資金援助が必要だった。

三月二十日、クオーモ州知事は、スーパーやヘルスケアなどの不可欠な業種以外は、三月二十二日午後八時以降全面閉鎖する行政命令に署名した。これは免疫力の弱い七十歳以上の高齢者を接触から守るための措置で、家族や近しい友人であっても、緊急援助が必要な場合以外は家を訪問することを禁止し、人数に関係なく不要不急の集会を禁じるものだった。緊急に訪問する場合でも、体温を測り、風邪に似た症状がないか事前にチェックすることを求めた。「ウイルスの感染拡大を防ぐもっとも効果的な方法はソーシャル・ディスタンシングであり、密集を避けることだ」。同時に知事は住居や店舗の立ち退きを九十日間猶予することを命じた。

「チャイナ・ウイルス!」

トランプ大統領は、新型コロナウイルスが武漢で猛威を振るって以降、全力で封じ込めに当たった中国の習近平主席に何度も賛辞を送っていた。一月三十一日に中国からの入国を全面禁止した後も、また二月初頭にポンペオ国務長官が「中国政府がウイルス情報を隠蔽していた証拠がある」と発言してからも、大統領は「良い仕事をしている」と習近平主席を称え続けた。

側近たちは、一月中に二度、中国政府にもっと圧力をかけるよう大統領にアドバイスし、武漢でのウイルス発生を調査する特別チームを送りこむよう大統領を説得したという。ポンペオ国務長官を含む政権内部の対中強硬派が、発生源は武漢のウイルス研究所で、中国政府はそれを隠し続けている、とたきつけても、トランプ大統領は中国政府に対して強い非難を放つことはなかった。

トランプ大統領にとっては、二〇一九年末に合意にこぎつけ、一月中旬に署名されたばかりの中国との関税戦争の部分的な和解が、今後の米国経済にとって重要なものだった。だから、二月七日の記者会見で「中国政府はコロナウイルスの拡大を隠しているのではないか」と聞かれても「いや、彼らは本当に一生懸命やっている。たいへんプロフェッショナルな仕事をしていると思う」と答えたのだ。この大統領の発言に、対中国強硬派として知られる通商会議のピーター・ナヴァロ、経済会議のラリー・クドローは困惑していた。

しかし、三月十二日、中国外務省報道官が「武漢に感染症をもってきたのは、米軍かもしれない。データを明らかにせよ。米国はわれわれに説明する義務がある」とツイートしたことを知ると、大統領の態度は一変した。

「ウイルス米軍説」は一月初めから中国国内のネットを中心に出回っていたようだ。報道官が取り上げたのは、この陰謀論ともいえる「ウイルス米軍説」だった。

まだ「新型のコロナウイルス」による感染症だと中国政府が発表する前の一月二日に早くも、武漢の肺炎は米国が仕掛けた遺伝子戦争だという動画が中国語の動画サイトにアップされていた。一月二十日には中国のSNS上で、「ウイルスは九〇パーセント米国のウイルスデータベースのものと同じだ」という情報が流れた。その翌日には同じく「武漢の起源不明の肺炎は米軍が研究を進める生物兵器が原因だ」という情報が出回った。そして三十一日にはふたたび動画サイトに「SARS、MERS、COVID－19は米軍の謀略？」として、今世紀に入って発生した感染症ウイルスは、朝鮮戦争時の生物兵器だという陰謀論を主張する動画が現れた。

二月一日、ウイルスは二〇一九年十月に武漢で開催された〈ミリタリー・ワールド・ゲームズ〉の際に米軍が持ち込んだものだ、というメッセージが流れた。

「いくつかの興味深い発見。一、二〇一九年十一月に三百人以上の米軍人が〈ミリタリー・ワールド・ゲームズ〉のために武漢に滞在していた。二、最初のコロナウイルス感染は米軍の滞在していたホテルのすぐ近くで見つかった。三、武漢のウイルスは米軍が武漢を離れて一カ月後の二〇一九年十二月に感染爆発した。四、ほとんどの感染者は中国人だ」。

中国語のネットメディアではさまざまな米軍原因説が流れていた。さらに三月四日、中国外務省報道官は記者会見で「最初の感染爆発は中国で起きたが、発生源は違うかもしれない」という中国の医者の発言を取り上げ、新型ウイルスが「チャイナ・ウイルス」で武漢発だという根拠そのものに疑問を投げかけた。トランプ大統領が激怒した三月十二日の外務省報道官のツイートは、こうした背景の元に投稿されたものだった。

これに対する米国政府の反応は厳しかった。米国政府は駐米中国大使を呼び、遺憾の意を伝えた。ネット上では中国陰謀論と米軍陰謀論が入り乱れ、米国のトランプ支持派のネットメディアも、中国に激しい攻撃を加え始めた。

三月十一日のテレビ演説のなかでは、トランプ大統領はまだ「外国のウイルス」という言い方をしていたが、三月十六日にはツイッターに「チャイニーズ・ウイルス」と書き込んだ。これ以降、大統領がこの呼び方を変えることはなかった。

それまで習近平主席に示していた賛辞をかなぐり捨てて「中国敵視」へ舵を切ったのは、再選へ向けたあらたな戦略構築への第一歩だった。

好調な経済と歴史的に低い失業率が再選へ向けた最大の頼みの綱だったトランプ陣営は、新型コロナウイルスによって、この命綱ともいえる好景気のあらゆる要素が雲散霧消してしまったため、選挙へ向けた戦略の練り直しを迫られていたのだ。

トランプ陣営がターゲットに選んだのは、中国だった。

トランプ再選を支える与党共和党全国委員会は、選挙ストラテジストによる五十七ページに及ぶ「選挙運動メモ」を作成した。そこでは経済にかわって、徹底的に民主党の対立候補を中国政府に結びつけることを要点として、三つの重点項目が書かれている。一、中国がウイルスの原因だ、と強調せよ、二、民主党が中国に優柔不断であることを強調せよ、三、ウイルスの拡大を防ぐために中国からの入国禁止措置をいちはやく取ったトランプ大統領の功績を強調せよ。大統領の失政について問われたら、すぐに話を中国に切り替えろ、とアドバイスしている。

トランプ陣営は、中国叩きを中心に据えて有権者へのアピールを組み立てようという戦略に舵を切ったのだった。ウイルス対策の出遅れに対する国民からの批判を、その発生源である中国を叩くことでかわし、「中国を攻撃」し米国民を守る「強い大統領」の姿を前面に出そうという思惑だった。

感染前の二〇一九年の調査でも、五七パーセントの米国人が中国に対して反感を抱いていたが、二〇二〇年二月の調査ではその数字は六七パーセントに跳ね上がっていた。また別の調査では共和党支持者の六八パーセント、民主党支持者の六二パーセントが中国の影響力の増大を、米国にとって最大の脅威だとみなしていることからも、貿易戦争を含めた中国問題が、支持政党を問わず有権者の懸念になっていて、中国をめぐる姿勢は、選挙の行方を決める重要なカギになっていた。

「復活祭までには国を開ける！」

再選に向けて、なるべく早く経済活動を再開したいトランプ大統領は焦っていた。三月二十四日の記者会見で、「復活祭までには米国をオープンしたい」と語った。復活祭は四月十二日の日曜日だった。大統領にとっては、経済への衝撃をどのように回避するかが危急の課題だった。週明けの三月十六日には株価は二千九百九十七ドルもダウンした。一九八七年のブラックマンデー以来だった。

しかも、感染の中心となっているニューヨーク州では、三月二十二日からエッセンシャル・ワーカーを除く職場閉鎖が始まったばかりだった。復活祭までの三週間たらずの間に、感染を抑えることは不可能だった。

しかし、ウォールストリートは前のめりだった。ゴールドマンサックスの元CEOロイド・ブランクフェインは「経済、雇用、意欲も健康の問題であり、それ以上でもある。この二、三週間のうちに感染へのリスクを低下させ、仕事に戻らなければならない」とツイートした。

選挙まで七カ月あまりとなったトランプ大統領も、「みんな仕事に戻りたがっている。ソーシャル・ディスタンシングを徹底し、老人をしっかり守りながらだ」とツイートした。しかし、大統領の一存で経済再開を決めることはできなかった。

二十七日にトランプ大統領は二兆二千億ドル（約二百四十兆円）の緊急対策案に署名した。米国民への直接給付、病院への緊急援助、そして企業への緊急融資などが含まれていた。

三月三十一日になって大統領はようやく新型コロナウイルスとインフルエンザとの比較をやめ、「これはインフルエンザではない。このウイルスは狂暴だ」と、ウイルスの恐ろしさを認めた。

そして四月十一日には全米の感染者数は五十万人を超え、死者の数も一万八千五百八十六人となった。世界全体の感染者は百七十三万人を超えた。

しかし、「経済を再開せよ」という不満の声は続いていた。テキサス州知事は経済再開の検討に入り、カリフォルニア州でも学校再開を考えたいと発言した。だがファウチ博士は「この時点で子どもが学校に集まると、感染のリスクがある」として慎重な対応を求め続けた。

四月十二日、ファウチ博士がCNNのインタビューで「もっと早く感染対策をスタートしていれば、死者を減らすことができたことは確かだ」と発言したことに対して、トランプ大統領は怒りをあらわにし、ファウチ解任をほのめかした。大統領は執務室に三台の大型モニターを置き、一日中テレビを見ているといわれている。気に入らない発言に対しては即座にツイートで非難を繰り出す。

ファウチ博士は記者会見でも大統領の発言を訂正するなど、科学的な知見に基づいてコロナウイルス対策の中心を担ってきた人物だ。雑誌『サイエンス』のインタビューでは、大統領が間違ったことを言ったからといって、「マイクの前で飛び上がって彼を押し倒すわけにはいかないでしょう」と語っていた。

臆することなく「ファクト」を語るファウチ博士は大統領を支持する極右から「民主党によって送り込まれたトランプ潰しの陰謀家だ」と名指しで誹謗されていた。彼らは #FireFauci（ファウチをクビにせよ）というハッシュタグを作り、ファウチ解任をけしかけていた。

だが、トランプ大統領が経済の再開を予定していた復活祭は、感染の広がりを防げないまま過ぎた。

四月十四日、ホワイトハウスは、いつからどのように外出禁止を解き、経済活動を徐々に正常化させていくかについて議論を進めることにし、感染警戒の姿勢を取り続ける州知事たちと、本格的な闘争に入った。

ニューヨーク州のクオーモ知事は、「経済活動の再開には良く練られた計画が必要だ。他の州と調整し、相互に協力することが望ましい」と述べ、隣接する州の知事たちと連携する姿勢を示した。

トランプ大統領はこれに対し、「経済再開の権限が州知事にあるというのはフェイクニュースだ」と投稿し、記者会見でも「経済・社会再開は知事ではなく大統領の権限だ。米国大統領は総合的な権限を持っているのだ」と述べ、ホワイトハウスの通商会議委員長ナヴァロも、「ウイルスそのものより、経済封鎖が続く方が、より多くの命に係わる」として、経済再開の時期と方法について検討すべきだと大統領の背中を押した。

トランプ大統領は一カ月前には医療必需品の分配やコロナ対策を各州に丸投げしたうえ、各州知事からの緊急援助要請を拒否し、「わたしに責任はない」と連邦政府の調整機能を放棄したばかりだったが、この「総合的権限」という言葉遣いに対しては批判が相次いだ。

クオーモ知事は、「この国に王様はいらない。そのかわりに大統領を選挙で選ぶのだ」と話し、州知事間で調整する姿勢を明確にした。

政治化する新型コロナウイルス――トランプ非難のCM

新型コロナウイルスの猛威によって、民主党のバイデン、サンダース両候補は集会も開けず、予備選も延期になり、新聞やテレビからも大統領選挙の話題は消えた。その中でトランプ大統領は毎日のようにホワイトハウスでタスクフォースチームと記者会見を開いていた。その発言をめぐって物議をかもしていたが、存在感を誇示していることは確かだった。

三月二十四日から四月六日まで、フロリダ、ミシガン、ペンシルベニア、ウィスコンシンの四つの州で、トランプ大統領を批判するネガティブCMが集中的に放送された。この四州は、大統領選挙の行方を左右する激戦州〈スウィングステーツ〉で、有権者の動きには両陣営とも神経をとがらせていた。

これは民主党のスーパーPACが制作したもので、暗い画面の中にトランプ大統領の顔が浮かび、「コロナウイルスは新たなデッチ上げだ」「われわれは事態を完全にコントロールしている」「ある日、奇跡のように消えてなくなる」「感染者は十五人いるが、二、三日すればゼロにできる」「われわれは感染者数を最低限に抑えて、すばらしい仕事をしている」といったトランプ大統領の発言が連続的に流れる中、米国内の感染者数を示すグラフが急上昇していき、「おれは責任は取らないよ」という大統領の言葉がさしはさまれる。さらにそのあと、「アメリカには信頼できる指導者が必要だ」というテロップで終わる三十秒のCMだ。

トランプ陣営は、テレビ各局に対して即座に放送中止を求め、法的措置も辞さないとした。「コロナウイルスは新たなデッチ上げだ」と語っている冒頭部分は自分の言った言葉ではなく「フェイク」だと訴え、放映を中止しないなら放送免許を取りあげると脅しをかけた。新型コロナウイルスへの対応は、再選の行方を左右するため、トランプ陣営は神経質になっていた。

「中国はスリーピー・ジョーを望んでいる」

四月十四日、トランプ大統領は、WHOへの拠出金の停止を宣言した。WHOは中国に偏りすぎていて公平でない、WHOは中国政府が言った「感染拡大はコントロールされている」という主張をうのみにし、感染拡大を助長した、というのがその理由だ。「もしWHOが専門家を中国に送り、客観的状況を調査し、中国の透明性の不足を声高に叫んでいれば、感染拡大による死者をもっと少なく抑えこめていたはずだ。WHOは中国の主張をそのまま受け取ったのだ」──大統領は記者会見でそう述べた。

しかし、トランプ大統領自身、米国で最初の死者が出た二月末になっても中国政府の活動を賞賛する言葉を繰り返していた。

拠出金停止は、一月末、中国からの旅行者の入国をトランプ政権が早々に制限したことに対するWHOの批判が直接の理由だろう。後手後手にまわるコロナウイルス対策がメディアの非難にさらされている大統領にとっては、中国からの入国禁止措置のみが唯一、「成果」として誇れるものだったからだ。WHOへの拠出金停止については国内外から非難の声が上がったが、それはトランプ政権と中国政府の本格的対立の始まりに過ぎなかった。

中国批判とバイデン叩きを一本の戦略に束ねたトランプ大統領は、四月十九日、「中国はスリーピー・ジョー（バイデン）を望んでいる。バイデンはお手軽で、彼らにとって夢の候補者だ。わたしは中国に厳しいが、スリーピー・ジョーは中国に弱腰だ」と投稿した。そして選挙CMでも、バイデンがオバマ時代、いかに中国側に立ち、中国に弱腰だったか何度も繰り返す一方、トランプが進めた中国からの入国禁止措置が、いかに多くの米国人の生命を救ったか、と強調していた。

ただし「非難すべきは中国系米国市民ではなく、あくまでもウイルスを隠蔽し、その危険性にウソをついていた中国共産党だ。中国共産党の殺人的独裁で苦しんでいるのは中国の民衆だ」というのがその基本方針だった。

人影の消えたニューヨーク

完全な都市封鎖ではなかったが、ニューヨークの姿は大きく変わった。医療従事者や介護、ケアにかかわるエッセンシャル・ワーカーは朝早くから夜遅くまで働いていた。スーパーやグロッサリーストアも通常通りの営業を続けていたし、レストランもデリバリーやテイクアウトに限定して店を開いていた。地下鉄やバスもほぼ通常運行だった。道には注文品を届ける自転車が行き来し、輸送トラックも頻繁に通っていた。建築現場もそこら中で大きな音を立てていたし、街角のスタンドも、色とりどりの果物や野菜を売っていた。しかし、ニューヨークは変わった。目に見えないところで、米国社会は大きく姿を変えていた。

年配者や退職者たちが、食料が買えない人たちやホームレスのために自主的に運営してきたフードバンクの四割が活動を停止した。運営者たちが高齢なため、感染を恐れてのことだった。温かいスープなどを提供してきたが、閉鎖となったフードバンクの数は九百にものぼった。

一方、ニューヨークの金持ちには郊外や他の州にセカンドハウスを持っている人たちも多く、感染を恐れて早々に避難したのだが、こうした郊外での死者が増えだした。

たとえ熱や肺炎の症状があっても、病院ではなく家で死亡した遺体は、ＰＣＲ検査を受けることなくそのまま葬られるため、感染による死亡者の統計には含まれない。郊外のある地区では遺体安置所の職員と消防署員が毎日十二時間勤務のシフトを組んでフル回転の状態だった。

医療機関の逼迫は米国の複雑な宗教界の亀裂をも露呈させていた。

四月一日に、福音派〈サマリタンズ・パース〉がセントラルパーク内に立てた野戦病院のようなテント村が、ニューヨーク州のリベラルな議員や活動家から批判をうけた。〈サマリタンズ・パース〉のフランクリン・グラハムは憤慨していた。フランクリンの父ビリー・グラハムは、メガチャーチの集会やテレビ伝道などでカリスマ的な人気を博し、歴代大統領からも信頼の厚い保守派の伝道師だった。

六十八床のテント病院ではすでに延べ百三十人の患者を治療していたのだが、トランプ大統領に近く、反イスラム、反LGBTQの言動で知られるグラハムは、医療活動に従事するボランティアに「同性婚反対の誓約」を書かせたとして、人権派弁護士からも、「反差別法」に抵触する行為だと非難を受けていた。グラハムは「患者には差別なく向き合っているのに、われわれは嫌がらせをうけている」と不満を訴えた。

宗派の軋轢が表面化したのはセントラルパークの野戦病院だけではない。

コロンビア大学のすぐわきに立つセント・ジョン・ザ・ディヴァイン大聖堂は、ニューヨークでももっとも大きな教会堂で、そのゴチック建築の壮大さと、ミサの合唱の美しさによって、観光名所となっているが、四月上旬、聖堂の内部に二百床のベッドが運び込まれ、急ごしらえの病院として機能することになっていた。しかし突然、その計画が中止となった。表向きの理由は、入院を必要とする感染者の数が減って計画の見直しが行われたため、とされているが、背景にはキリスト教宗派間の深い対立がある。

大聖堂は、リベラルな教派といわれる米国聖公会の教会だが、ここを臨時の病院にしようと計画したのはセントラルパークに野戦病院を立てた〈サマリタンズ・パース〉だった。ベッドまで運び込まれていたにもかかわらず、計画が中止となった背景には、こうした微妙な対立があるとみられていた。

経済再開を叫ぶデモ隊の背景

四月十八日にはメリーランド、インディアナ、テキサス、ウィスコンシン、ミシガン、オハイオなどの州で「外出禁止」に反対する抗議デモが行われた。これは十六日にトランプ大統領が発表した、経済再開のガイドラインを受けたもので、「街を解放せよ」というスローガンを掲げたデモ参加者が、ソーシャル・ディスタンシングを破って、乗用車や徒歩でプラカードを掲げて行進した。デモを呼びかけたのはトランプ支持組織で、多くの参加者はマスクをつけていなかった。

参加者たちは「恐怖に打ち勝つ自由」「シャットダウンをシャットダウンせよ」などといったプラカードを掲げ、クラクションを鳴らして各地のメインストリートを行進した。参加者の一人は「わたしは自分の商売を守りたいだけだ。生きるためには働く必要があるのだ」と語った。

こうしたデモを組織しているのは右翼団体で、テキサス州オースティンでデモを呼びかけたアレックス・ジョーンズはネットメディア〈インフォウォーズ〉の創設者だ。

〈インフォウォーズ〉の戦略は、「おれたちは負け犬だ」と、ワシントンのエリートたちから無視されている立場を強調し、「ワシントンの既成の権威への不信をばら撒き、陰謀論で別の世界観を示し、その世界へ人びとを導いていく」というものだ。その意味では、未知のウイルスは陰謀論を広めるにはもってこいの材料といいえる。

ジョーンズはウイルスを中国製生物兵器とみなし、ワクチン製造は製薬会社やテクノロジー企業の金持ち経営者たちが、米国と米国人をコントロールしようとする策略だと喧伝し、不公平な失業と不況は、米国人を貧困に陥れようとする民主党の計画なのだとしていた。

デモの組織団体は国民の分断を深めようとしているようだった。彼らには、大統領選挙でカギを握るスウィングステーツや民主党知事の州で活動を続け、SNSを活用して混乱を作りだそうという狙いがあった。そしてそれを後押ししているのが、保守派の牙城となったテレビ局フォックスニュースだった。

デモ参加者たちは「ステイ・アット・ホームからの自由」をスローガンとして掲げていた。トランプ大統領の掲げる〈メイク・アメリカ・グレイト・アゲイン〉は、何よりも「自分自身の自由」を最高の価値観とし、それは「反省をしない自由、謝罪をしない自由、負けを認めない自由」という価値観でもあった。そして「他人が必要とすることや他人の利益を考えなければいけないということ自体が暴虐だ」という「自己中心主義」の極端なイデオロギーと結びついていた。

フォックスニュースは、経済再開に向けた新しいガイドラインが出された四月十六日、「トークショー心理学者」と揶揄されているドクター・フィルにこう解説させた――たしかに新型コロナウイルスは三万三千人を越える死者を出しているが、「交通事故で毎年四万五千人が死んでいる。タバコで四十八万人、プールで三十六万人が死んでいる。だからと言って国をシャットダウンしないではないか」。そのうえでドクター・フィルは、たとえコロナウイルスで人命が奪われようとも、不安と不況を防ぐためには、経済活動を再開させるべきだ、と力説した。しかしCDCによれば、実際にプールや海で溺死するのは年間三千六百人ほどだった。

フォックスニュースはこの手の「ドクター」たちを次々に出演させ、経済再開を憂慮する感染症専門家たちの警戒を否定してみせた。「ワクチンが開発されるまで、ソーシャル・ディスタンシングは不可欠だ」というファウチ博士に対し、フォックスのMCは「しかしウイルスは消えてしまうかもしれない。SARSも消えたではないか」と語り、博士が、新型コロナウイルスはSARSなどとは異なる特異な感染症だと説明しても、MCは経済再開にこだわり続けた。

州知事vs州裁判所——分断の闘争

五月四日時点の世界の感染者総数は三百五十五万九千人。死者数は二十四万九千七十九人。この一カ月間で感染者は二百万人増え、死者数は二・五倍となった。アメリカの感染者数はその三分の一の百十七万一千人だ。

こうした中、トランプ大統領は経済再開へアクセルをふんでいた。しかしホワイトハウスでは内々に、「このまま経済再開が進むと、六月一日にはいまの二倍の三千人が一日で死亡する」というリポートが出回っていた（『ニューヨークタイムズ』五月四日）。アリゾナのマスク工場へ向かう際に、そのリポートについて問われたトランプ大統領は「それは何も対策を打たなかった場合だ。われわれは沈静化に向けてやるべきことをやってきた」として、リポートの前提を否定した。そして「われわれはすべてを正しくやり終えた。いまは仕事に戻る時だ」と語り、ウイルス対策を「過去形」で語った。「偉大なる勝利はない。しかし勝てる。国を立て直すのだ。二カ月前までわれわれは史上最高の経済をもっていた。もう一度、それをつくるのだ。スタートだ。すぐにそうなるだろう」と述べて、経済再建に向けた決意を表明した。

この大統領の決断に対して、ニューヨーク州のクオーモ知事は、「早く再開すればするほど、経済的コストは低く済む。しかし、人的コストは高くなる。もっと多くの命が失われるからだ。いまやろうとしている決断はそういうことだ」と語り、規制解除は「死の取引」になりかねないと述べた。

トランプ大統領は三月十三日に国家非常事態を宣言してから、〈戦時大統領〉と自称して行動してきた。しかし、四月二十三日に「感染予防には消毒液を注射すれば良い」と発言して以降、共和党支持者の間でも、大統領のコロナ対策についての信頼は揺らぎ、支持率は低下した。その後の会見は、もっぱら感染対策より経済再開をめざす発言となっていた。

五月三日の集会でも「ファウチだって、ウイルスはたいしたことはない、すぐに終わる、と言っていたんだ」と語り、〈戦時大統領〉の鎧をかなぐり捨てた。トランプは、ファウチ博士よりも選挙運動責任者パースケイルの戦略の方が気になるようだった。あるコメンテーターはこう言った。「トランプ陣営は戦略を転換した。経済再開に望みをかけたのだ。米国人は死者の数が増えてもそれに耐えられると考えているのだ」。

トランプはもはや専門家に耳を貸すことはなかった。最優先されるのは「再選につながることだけをやる」ということだった。

軸足を経済再開に移した大統領は、新型コロナウイルス・タスクフォースの縮小を決めた。五月末に縮小か解散となる予定で、その後は専門家との非公式会合となり、娘婿のクシュナーが調整係を務めるという。ペンスは「これはわが国が大きな前進を遂げた証拠だ」と言ったが、政権が効果の見えないウイルス対策から経済対策へ移行した証拠だった。それ以降、大統領がタスクフォースの記者会見に出ることはなかった。タスクフォースの縮小が今の時点で正しいのか、と記者に問われたトランプ大統領は「この国をあと五年間閉鎖したままにはできないだろう。感染が再燃しても火は消せる」と答えた。

五月十三日には、感染対策か経済再開かを正面から問う判断があった。

ウィスコンシン州最高裁判所は、民主党のエヴァーズ州知事が四月中旬に出していた自宅待機命令〈セーフ・アット・ホーム〉の延長に「無効」の判決を下した。この決定には、米国の分断が典型的にあらわれていた。

知事は緊急事態の際には命令を出す権限をもっているが、「自宅待機の延長」命令は州知事の権限を越えるもの、と裁判所は判断した。

知事は民主党だが、ウィスコンシン州議会と州裁判所は共和党保守派が多数を占めていて、共和党は、経済を再開しないことは州の経済活動、雇用と企業に打撃を与えると訴えていたのだった。評決は四対三と僅差だった。

この無効判決によって、ウィスコンシン州ではビジネスと集会の規制が一挙に取り払われた。ただし学校は新しい学年が始まる秋まで休校となっていた。

エヴァーズ知事は「共和党の議員たちが州最高裁の四人の判事たちをたきつけ、州に混沌をもたらした。この混乱の責任は共和党の議員たちにある。われわれにはウィスコンシンの人びとを守るプランも方策も、もうない」と語った。

判決までの数週間、ウィスコンシンでは、経済活動を再開せよと叫ぶ数千人のデモ隊が議会を取り囲み、エヴァーズ知事を「殺人鬼の独裁者」とののしっていた。

トランプ大統領はこの判決について、ウィスコンシンに「勝利がもたらされた」と裁判所の決定を支持し、「人びとは規制などに縛られないで人生を生きたいのだ。ウィスコンシンには活気が戻っている！」とツイートした。

トランプ大統領はこれ以降、新型コロナウイルスに対して、対策らしい対策を取ることはなかった。頭の中にあるのは「再選」の二文字だけだった。

3　トランプとメディア——五月－六月

「新型コロナウイルスはビル・ゲイツが作った」——陰謀論の横行

フェイスブック、ユーチューブ、グーグルは、五月七日にそろってサイトから『プランデミック』と題する動画を削除した。動画に「新型コロナウイルスについて医学的に証明されていない内容が含まれていた」からだ、と各社は説明した。

この動画『プランデミック』は、ジュディ・マイコヴィッツという反ワクチン運動家のインタビューで、「マスクは免疫システムを弱体化させ、コロナウイルスを感染させるため、健康には有害だ」という訴えのほか、「新型コロナウイルスは、ワクチン開発で大儲けしようとする人びとの陰謀で、インフルエンザワクチンを接種した時に、実は、新型コロナウイルスも一緒に注射していた」などと語る二十六分の動画だ。WHOは医学的な知見に基づかない、有害な情報を削除するようGAFAに求めていた。

マイコヴィッツは、慢性疲労など現代社会特有の多くの症状の原因をワクチンに結び付け、その背後には巨大製薬会社と政治家の利害があるとする説を立てている研究者で、米国の医学陰謀論の中心人物だ。

新型コロナウイルスをめぐっては、数多くの虚偽情報がインターネットやSNSを通じてばらまかれている。それは疑わしいウイルス防御法や消毒液不足を煽る日常的な虚偽情報から、明確な政治的意図を持つ情報操作までさまざまだ。そして政治の見方も、価値観も分断された米国では、新型コロナウイルスがたちまち陰謀論と結びつき、トランプ政権もそれを利用しながら、再選への道を突き進もうとしていた。

陰謀論には、ウイルスは武漢の感染症研究所で作られた人工的な生物兵器で、資本主義を葬り去ろうとする中国共産党のテロだ、というものなど、中国に関するものが多いが、四月を通じてもっとも多く流布したのが、「コロナウイルスはビル・ゲイツが作った」という陰謀論だった。

マイクロソフトの創業者で十兆円を超える資産を持つビル・ゲイツは、財団を通して医療活動や防疫対策に巨額の私費を投じていて、二〇一五年には、人類にとって最大の脅威は核戦争ではなくウイルス感染だ、と警鐘を鳴らしたことがあった。

米国の陰謀論グループQAnonやオルトライト（人種差別団体などの極右勢力）は、この時の発言をとらえて、「世界でもっとも裕福な男はパンデミックを利用して世界中の医療システムを乗っ取ろうとしている」と喧伝し、ビル・ゲイツはその目的のために新型コロナウイルスを作り出し、ワクチンで大儲けをしようと企んでいるのだ、という陰謀論を拡散した。

しかし、この反ワクチン運動には、最近ビル・ゲイツがメディアに頻繁に登場し、トランプ政権のウイルス対策の初動を失敗と断定して、〈ステイ・アット・ホーム〉やPCR検査の拡充、ワクチンの早期開発を呼びかけている姿勢に対する攻撃という側面があった。

ビル・ゲイツは『ワシントンポスト』(三月三十一日)に寄稿し、「米国は新型コロナウイルスの機先を制する機会を逃したことは間違いない。われわれの指導者の選択は、感染者を増加させ、経済をシャットダウンさせ、多くの米国人に、最愛の人を死なせることになり、はかり知れぬ衝撃を与えるだろう」と書き、名指しこそしないものの、トランプ大統領のコロナ対策を失政と断じて真正面から批判していた。また、大統領がWHOへの拠出金の停止を決めたことについても強い批判を繰り返していた。

陰謀論は、SNSを使って虚偽情報を拡散することで、トランプ再選に不利なものを徹底的につぶすという「情報戦争」だった。

虚偽情報の罠——「経済再開」ツイートの半分は〈ボット〉

四月から五月にかけ、トランプ大統領の主張に沿って、「ロックダウンを終わらせ、生活を再開せよ」という〈リオープン・アメリカ〉運動のデモが各地を揺さぶった。制限を緩めて一刻も早く経済を再開せよ、という呼びかけがSNS上にあふれたが、カーネギー・メロン大学(CMU)の調査によると、「再開」に関係するツイッター上のアカウントの約半数が自動的にリツイートを繰り返す〈ボット〉だった。

CMUでは一月以降、「コロナウイルス」に関する二億以上のツイートを集め分析している。それによると、トップ五十の影響力あるリツイートの八二パーセントが〈ボット〉で、トップ千のリツイートの六二パーセントも〈ボット〉だった。

〈ボット〉とは、アカウントを制御するプログラムで、ツイートとリツイートによる拡散を自動で繰り返す仕組みだ。理論的には一人で数千のアカウントをコントロールすることが可能だという。〈ボット〉はさまざまな国や利益集団によって、政治的な目的で使用されることが多い。二〇一六年の大統領選挙の際には、ロシアは〈インターネット・リサーチ・エージェンシー〉という民間企業を使って、意図的にヒラリー・クリントン候補を中傷する虚偽情報を〈ボット〉で拡散させ、選挙の混乱を図り、トランプ候補の当選に一定の役割を果たした、とマラー特別検察官のリポートでも報告されている。

CMUによれば、今回の〈リオープン・アメリカ〉運動も、新型コロナウイルスは5G通信の携帯基地が原因だ、という根拠なき陰謀論の拡散とセットになった広がりを見せていたようで、調査責任者は「陰謀論はある集団を分断させる目的で使われる。今回の〈ボット〉による虚偽情報の拡散は、健康や経済に対して現実に不安を抱えている人びとの間に分断を作り出そうとする政治的な意図をもったものだ」と述べている。「5G通信の利用を広げたい世界のエリートたちがウイルスを感染させた」とするこの陰謀論の背後には、「インフルエンザのワクチン注射の時に、コロナウイルスも一緒に注射されている」と主張する反ワクチン運動組織QAnonがあると見られている。

実際、陰謀論の拡散はさらに極端な行動を誘発することがある。〈リオープン・アメリカ〉集会でも、自動小銃で武装する扇動者がいた。トランプ大統領の〈メイク・アメリカ・グレイト・アゲイン〉を支持する過激な白人至上主義者たちだった。

こうした新型コロナウイルスに関連する虚偽情報の拡散を重く見たツイッター社も、三月に新たな対策を発表し、「人を傷つける可能性のある行動を呼びかける新型ウイルス関連の内容は削除する」とし、これまでに二千六百ツイートを削除した。新型コロナウイルスに関して挑発行動や迷惑行動につながるアカウントは四百三十万見つかったという。

「今度はコロナ、コロナ、コロナだ」――フォックスとの二人三脚

どのテレビ局のニュースを見るかによって、米国では新型コロナ対策に対する見方がまっぷたつに分かれている。

トランプ支持のフォックスニュースを見ている人は、「コロナ対策に成功し経済活動を再開する米国」という姿を見せられ、トランプ批判の急先鋒MSNBCを見る人は、「対策に失敗し続けている米国」という、それとは逆の米国像を持つことになる。両方のニュース番組を見比べる人は、まずいない。

ピュー・リサーチセンターの最新調査は、メディアと米国民の分断を物語っている。

MSNBCとフォックスニュースを比較した調査によれば、「ウイルスは自然発生か」という問いに、MSNBCの視聴者の六六パーセントが「自然発生」と回答した一方で、フォックスニュースの視聴者では、三七パーセントがそう答えたにとどまった。また「ウイルスの脅威をメディアは誇張しているか」という問いには、「誇張を感じる」と答えた人がMSNBCの視聴者では二五パーセントなのに対して、フォックス視聴者では七九パーセントにものぼっていた。

つまり、フォックスの視聴者の大多数が、ウイルスは何らかの意図をもって人工的に作りだされたもので、メディアはコロナウイルスの危険性を誇張していると考えているのに対して、MSNBCの視聴者は、ウイルスは自然発生で、メディアは誇張せずにその危険を伝えている、と考えていた。

フォックスニュースの視聴者の平均年齢は六十五歳で、他のチャンネルと比べてもウイルスによる重篤

化を懸念すべき高齢層なのだが、米国で死者が出た後も、フォックスのニュース番組のMCは「コロナなんて怖くない。誰も怖がることなどない」と発言していた。これは大統領自身の発言、「コロナ対策はうまくいくだろう。四月に入って暖かくなれば、ウイルスは消えてなくなる。わたしはうまくいくと思っている」に沿ったものだった。

月―木のプライムタイム帯ニュースショーのMCで、トランプにもっとも近い男と言われるショーン・ハニティは、「新型コロナウイルス騒ぎ」を、トランプ弾劾裁判に失敗した民主党の陰謀だと主張し続けた。

あまりにも科学的知見からかけ離れたフォックスの報道に対して、四月三日には七十四人のジャーナリストが、「フォックスの虚偽情報は公衆の健康にとって危険だ」という公開書簡をルパート・マードック会長宛に送ったほどだった。

しかし、フォックスはその後も、新型コロナウイルスの危険を強調する専門家を批判し、マラリア治療薬がウイルスに効くと大統領が発言すると、何週間にもわたって、この実証されていない薬剤の宣伝に努めた。

全米での感染者数が増えていたにもかかわらず、トランプ大統領が経済再開に舵を切った四月中旬には、「再開」(リオープン)を番組の旗印に据え、経済活動の再開を渋る民主党知事たちを徹底的に攻撃した。ウィスコンシン州やイリノイ州などで、「再開」をアピールして集まったトランプ支持者たちを煽動したのもフォックスニュースだった。

そして、大統領選挙まで六カ月を切ると、トランプ陣営とフォックスは、新型コロナウイルスを再選の

「有効なイデオロギー」として利用し始めた。夜のニュースショーのMCハニティは、ツイッターでこう言った。

「民主党がやっているのは、トランプを攻撃するためにウイルスを政治利用することだ。同じ人びとが同じことを三年も繰り返している。ロシア、ロシア、ウクライナ、ウクライナ、そして弾劾裁判、弾劾裁判。今度はコロナ、コロナ、コロナ、コロナだ」。

終息の道筋のまったく見えない米国で、新型コロナウイルスをめぐるトランプ大統領とフォックスの二人三脚が続いていた。

プロパガンダテレビ局――ワン・アメリカ・ニュース・ネットワーク

米国にはテレビメディアに公平性、中立性を求める法的規制はない。そのため、ニュース専門チャンネルも地方局も保守からリベラルまでさまざまだ。

フォックスニュースは、「もっともトランプ大統領に近いメディア」と言われているが、それでも時どきメディアとしての独立性を見せることがある。それにいらだつトランプ大統領は、政権の思うままになる宣伝メディアを求め続けていた。こうしたなか、小さなテレビ局が御用機関に名乗りを上げ、トランプ政権はこのテレビ局をプロパガンダ機関に育て上げようとしていた。

二〇一九年十月、世論調査で五一パーセントが「大統領弾劾に賛成」という調査結果をフォックスニュースが報じた途端、腹を立てたトランプ大統領は「フォックスニュースには失望した。われわれは別のテレビ局を探す」とツイートした。そして肩入れしたのが、〈ワン・アメリカ・ニュース・ネットワーク〉

（OANN）という小さなテレビ局だった。

また、二〇二〇年五月、大統領がウイルス対策に効果があるとして常用している薬に対してフォックスのMCが疑問を投げかけると、大統領はまたしてもツイートを投稿した。「フォックスはもう昔とは違う。新しいニュースチャンネルをさがす。フォックスは共和党やわたしに役立つことを何もしていないし、わたしを再選させようともしていない」。そして再びOANNを賞賛した。

さらに六月十日、CNNが、世論調査でバイデン候補十四ポイントリードと伝えると、大統領は世論調査を「不正だ」と決めつけ、CNNに調査結果の撤回と謝罪を要求した。そこですかさずOANNは「われわれも世論調査を公開する。それは大統領に有利なものだ」とツイートし、フロリダ州だけで行った世論調査でトランプがバイデンを五十三対四十七で破る、という調査結果を発表した。CNNが行った全米での調査とは質も量も比べ物にならないものだったが、大統領はOANNの調査結果を持ち上げた。

OANNは二〇一三年七月四日に放送を開始したサンディエゴにある小さなテレビ局だ。プリント基板で財を成したロバート・ヘリングという七十九歳の人物がオーナーだ。当初は、ロイターのニュース映像を流しながら通信社から入ってくるニュースを一分の原稿に仕立ててアナウンサーが読むだけだった。カバーする世帯はフォックスの三分の一の三千万世帯に満たないが、銃規制反対、中絶反対、移民反対の論調で超保守派の視聴層を取り込んできた。

ヘリングは前回の大統領選挙でトランプが立候補した直後から支持を表明し、OANNは支援者集会でのトランプ演説全編を最初に中継したテレビ局となった。トランプ陣営の選挙運動責任者もレギュラーで出演するようになり、政権獲得後は、ついにホワイトハウスの記者室に席を確保するまでになった。トランプ大統領のロシア疑惑にはほとんど触れず、政権を批判する発言に対してはオーナー自らが「ニュースで取り上げるな」とメールするほどで、スタッフたちは「オーナーが実質的なニュースデスク」だと言い切っている。

OANNは共和党の集票マシーンであるCPAC（保守派政治活動委員会）に献金を続けていて、ヘリングは「ワシントンでOANNの名前を覚えてもらうためだ」と言う。

そのOANNが〈ブラックライヴズ・マター〉抗議行動の中で俄然注目されることになったのは、バッファローの抗議集会で、警官に突き倒された七十五歳の男性について、「男は極左の活動家でわざと思いきり倒れたのだ」という虚偽情報を流し、トランプ大統領がその情報を拡散させたためだった。

OANNは新型コロナについても陰謀論を流してきたが、トランプ大統領は、この「最大のサポーター」を自認するテレビ局にますます肩入れし始めていた。

ボイスオブアメリカを宣伝メディアに

「パンデミックの中、ボイスオブアメリカ（VOA）はあなたのおカネで他国の宣伝活動を行っている」

――そう題するプレスリリースが、四月十一日のハワイトハウスのウェブサイトに載った。

VOAは、真珠湾攻撃を受けて米国が第二次世界大戦に参戦した直後の一九四二年二月に米議会が出資して創設されて以来、米国内外のニュースを海外に伝えてきた歴史あるメディアだ。いまでは職員数は千五百人を超え、四十七の言語でニュースを伝え、世界中で二億三千六百万人の利用者がいる。二百四十億円を超える予算は米国民の税金だが、客観的な報道姿勢を保っていると評価されている。

まだソビエト時代のモスクワでは、多くの若者がダイヤルの固定されたラジオ受信機を改造して、必死にVOAを聞こうとしていた。VOAの英語放送を聞くために英語の勉強を続けている学生もいた。VOAは閉鎖社会に住む人びとにとってかすかな希望の光だった。

このVOAに対し、ホワイトハウスは「VOAは北京政府のプロパガンダを増幅している。VOAは中国の武漢封鎖政策を成功モデルだと呼び、共産党の封鎖終了式典の動画を流した。〔……〕しかもVOAは共産党政府の統計を使って中国と米国の死者数を比較した。中国の数が正確である何の保証もない」と激しく非難した。それに続いてソーシャルメディア対策責任者ダン・スカヴィノは「米国の納税者は、中国のプロパガンダのために、米国政府経由でVOAに基金を与えているのだ。ふざけるな！」とツイートし、トランプ大統領も「VOAは〈米国の声〉ではなく〈米国に反対する声〉だ。ひどい」と記者会見で名指しで非難した。

トランプ大統領は政権発足の直後から、VOAを客観的な報道機関から政権の宣伝メディアに変えようと目論んでいた。VOAは、中国政府に忖度して中国共産党に批判的なニュースを報じない傾向があり、北京支局のスタッフは中国政府から特典を得ている、と保守派の間で非難されていた。

トランプ大統領は二〇一八年六月にVOAや〈ラジオ・フリー・ヨーロッパ〉、〈ラジオ・フリー・アジア〉などを管轄するグローバル・メディア局のトップにドキュメンタリー映画作家マイケル・パックを推薦した。パックは保守系シンクタンクの最高責任者を務めていた人物だ。しかし、この人事案は、民主党や議会の反対に会う中、パック自身の使途不明金問題なども浮上して、実現に手間取っていた。

危惧されるのは、パックがトランプ政権の元首席戦略官バノンと近いことだった。ハリウッドでバノンと仕事をしたことのあるパックは、バノンを高く評価し、グローバル・メディア局のトップに就任した暁には、バノンをVOAの責任者に招こうとしているようだった。ホワイトハウスに入る前からバノンが国家主導のプロパガンダを重視しているのは周知のことだ。

自前の宣伝メディアを作り上げたいという野望を隠さず、新型コロナウイルスをめぐって中国敵視政策を再選の柱に掲げるトランプにとって、VOAという、客観報道を続けてきた伝統ある政府系メディアをいかにして手中に収め、宣伝機関としての国営放送に変えるかは、重要な戦略だった。

「このツイートは暴力を賞賛しています」

事の起こりは、五月二十六日、郵便投票についてトランプ大統領が、「郵便投票は不正の温床だ。郵便受けが盗まれ、投票用紙が偽造され、違法に印刷され、不正に署名されるだろう」とツイートし、これに対して、ツイッター社が、「郵便投票については事実を確認するように」という警告ラベルを貼り、トランプ大統領の投稿が根拠不明だと処理したことだった。

これに対してトランプ大統領は「言論の自由の抑圧だ。大統領として許さない」と非難した。トランプ陣営の選挙運動責任者パースケイルも「われわれが数カ月前にツイッターから広告を引き上げたのは、ツイッターの政治的な偏向がその理由の一つだ」とツイートした。

ツイッター社は二〇一九年六月二十七日、投稿された内容にコミットできるよう「ツイッター上の公共利益の定義」という規則を設けた。さらにフェイク情報や、事実不明の情報に対して警告ラベルを貼る方針を強化していた。

しかし、八千万のフォロワーを持つ大統領の怒りは収まらず、五月二十八日、SNS企業に認められている第三者の投稿に対する免責権を狭める大統領令に署名した。

そして五月二十九日、ミネアポリスで白人警官が黒人男性を死亡させた事件に対する激しい抗議行動が起こると、トランプ大統領は、「どんな困難があろうと、われわれは抑える。しかし略奪が始まれば、銃撃も始まる」と、軍を投入して銃で抗議行動を抑えるともとれる内容をツイートした。これに対してツイッター社は「このツイートは暴力を賞賛しており、ツイッター社の規則に違反しています」と告知し、「しかしツイッター社は、このツイートを閲覧可能にしておくことは公益性があると判断しました」と書いた。それによって「いいね！」の投稿や、賞賛するようなリツイートはできなくなった。

ツイッター社のジャック・ドーシーCEOは次のように説明した。

「これはわれわれが〈真実の裁定者〉になることではない。われわれの意図は、争いあう表現の点と点をつなぐことで、人びとが自分で判断を下せるよう、議論になっている情報を人びとに提示することだ。われわれの行為の背後にある〈なぜ？〉という思いを人びとが明確に見てとれるように、透明性はますます重要なのだ」。

これに対して、フェイスブックのマーク・ザッカーバーグCEOはフォックスニュースへのコメントで「フェイスブックはオンラインのあらゆる投稿の真偽を決定する存在であるべきではないと固く信じている。民間企業、特にプラットフォーム企業はそうしたことを行う立場にあるべきではない」と述べた。

この応酬は、「はたしてSNSはプラットフォームなのか、パブリッシャーなのか」という根本的な問いで、インターネットの法的根拠である「通信品位法二三〇条」に関わるものだった。

「通信品位法二三〇条」とは、インスタグラムの写真だろうが、フェイスブックの投稿、コメントであろうが、第三者の投稿に対して、プラットフォームは法的責任を問われない、とするものだ。

「通信品位法」自体は九〇年代初頭、インターネットがようやく普及を始めた頃、当時のＡＯＬやＷＷＷなどのプラットフォームに出回るポルノ画像をどう規制するか、という議論の中、一九九五年に超党派議員団によって提出された法案で、当初は電話回線の品位にもとる利用に対し、それが第三者の投稿によるものであろうと、ウェブサイトとプラットフォームが法的責任を負う、というものだった。

しかし、法案の審議の最中に、投資会社役員の不正をめぐる投稿内容の名誉棄損をめぐって、プラットフォーム側が訴えられ、巨額の賠償金を支払う判決がでたことから、このままでは、広がり始めたインターネットの発展が阻害されかねないという判断から、「インタラクティブ・コンピュータ・サービス」は第三者の投稿には責任を負わない、と一八〇度修正された。しかも、どんな内容のコンテンツを「アクセス制限」するかという判断はサービス側に任されており、プラットフォームは、投稿内容からは免責され、事実上、掲載の可否についてはフリーハンドといういきわめて有利な立場を占めることになった。しかし、米国では憲法修正第一条で「言論の自由」が保証されていることから、このプラットフォームの権限は、つねに違憲論争を呼んでいる。

サービス提供者がたんなる「場貸し」の「プラットフォーム」なのか、なんらかの意見を持ちその普及を目的とする「パブリッシャー」なのか、という深刻な問いはここから発している。

フェイスブックのザッカーバーグは、議会の公聴会で、何度も「自分たちはプラットフォームであって、なんらかのオピニオンをもち、それを普及させるパブリッシャーではない」との論陣を張って、虚偽の投稿や残酷な内容の動画投稿に対する社会的な責任に背を向けてきた。ことに問題にされたのが、二〇一六年の大統領選挙で、フェイスブックに投稿された大量の虚偽情報がトランプ陣営に有利に働いたのではないか、という疑惑だった。

こうしたプラットフォームの「野放し状態」ともいえる現状に、なんらかの枠組を設けるべきで、「中立なパブリック・フォーラム」と位置づけようという動きもある。

このほかに、ブラックボックス状態にあるアルゴリズムの中立性の問題や、政府機関がコンテンツへのアクセスを求めた場合の各社の対応など、SNSプラットフォームをめぐる問題は山積しており、トランプ大統領とツイッター社の応酬が、巨大化し影響力を握る「プラットフォーム」と、「言論の自由」という大義名分との兼ね合いのなかでどこまで進むのかは、これからのネット社会の在り方に関わる本質的な問題だ。

〈アンティーファ〉のツイッター・アカウントは偽造――テロリストは誰か？

五月二十五日に白人警官の暴力によって黒人男性が死亡した事件を受けて全米で抗議活動が広がった。一部で略奪や暴行が発生したことを受けて、トランプ大統領は五月三十一日、〈アンティーファ〉を国内のテロリスト集団に指定した。

しかし、〈アンティーファ〉はファシスト団体に対抗する「アンチ・ファシズム」運動の呼称で、特定の指導者をいただく団体や組織があるわけではない。二〇一七年夏、バージニア州シャーロッツビルで起きた右翼団体集会への抗議活動でその存在が知られるようになったが、トランプ政権誕生後、目に見えて活発になったオルトライトに対抗するという以外、綱領や下部団体を持つ組織ではなく、むしろネットワーク的な「運動体」だ。

ただし、オルトライトの暴力行為がエスカレートするにつれ、〈アンティーファ〉の対抗措置も暴力的になってきていることは確かだ。もともと米国には「言論の自由」との兼ね合いで、国内団体を対象とするテロリズム法はなく、国内の運動をテロリズムに指定したトランプ大統領の指定そのものの合法性が問われた。

その〈アンティーファ〉を名乗るアカウントが、抗議活動に乗じて、さかんに略奪と白人に対する暴力をツイッター上で呼びかけていたが、ツイッター社広報によれば、〈アンティーファ〉を名乗るアカウントは、白人ナショナリスト団体〈アイデンティティー・エヴローパ〉による偽アカウントだった。偽アカウント上では「今夜だ、同志たち。今夜、都市をファックする。住宅地に行く……。白人たちを襲い、俺たちのものを取り返すのだ」などの呼びかけが続き、このツイートは一日に五百回以上もリツイートされた。またハッシュタグ #BlackIivesMatter などに紐づけされていて、暴力活動が黒人の権利運動に直結しているように見せかけていた。

この偽アカウントはツイッター社の規則に違反するとして削除された。しかし、ツイッター社によれば、この白人至上主義団体〈アイデンティティー・エヴローパ〉はこれまでに何度も @ANTIFA_US のアカウントを偽造して、憎悪と暴力を増幅する内容のツイートを繰り返していた。

トランプ大統領は、〈アンティーファ〉をテロリスト集団に認定した理由として、〈アンティーファ〉が全国的に破壊活動を組織したと述べているが、その確たる証拠は示されず、むしろ白人ナショナリストが抗議活動を暴動へと煽り立てているのではないか、と見られていた。

ツイッター社は、抗議活動が続く間は、暴力を煽る言動のモニター活動を強化することに決めた。

「略奪が始まる時、銃撃も始まる」

デモ隊に対する軍の投入を示唆する「略奪が始まる時、銃撃も始まる」というトランプ大統領の投稿に対して、ツイッター社が「この投稿は暴力を賞賛しており、規則に違反している」との警告ラベルを貼り付けたのは五月末のことだったが、六月、今度は若者に人気の投稿サイト、スナップチャットが「今後、トランプ大統領のキャンペーン動画は投稿としては残すものの、ニュースやストーリーへの転載、拡散をやめる」と発表した。

スナップチャットは若者に人気のショートビデオ投稿プラットフォームで、デイリーユーザーは二億二千九百万を超える。トランプ陣営は若い世代にアピールするためスナップチャットの投稿に力を入れてきており、わずか八カ月で百五十万のフォロワーを獲得した。

米国の有権者のうち三五パーセントがミレニアル世代（二十四歳から三十九歳）とZ世代（二十三歳まで）で、スナップチャットはその七五パーセントにリーチしているといわれている。この世代は物心ついた時からインターネット環境で育ち、SNSやストリーミング、ゲーム、投稿サイトをテレビよりも身近に感じる世代であり、白人警官による黒人男性の死亡事件に対する抗議活動の中心となっている世代だ。

スナップチャットは「われわれの社会に人種差別的暴力や不正はあってはならず、それを煽る主張を増幅するつもりはない。われわれはアメリカに平和、愛、平等を求めるすべての人びととともに立つ」とコメントしている。

しかし、スナップチャットのこうした主張にたいして、トランプ陣営の選挙運動責任者パースケイルは、二十九歳の創業者エヴァン・シュピーゲルCEOを名指しで非難し、「スナップチャットは会社の資金を違法に利用してバイデンを持ち上げトランプ大統領をおとしめ、選挙を操作しようとしている。多数のユーザーが大統領のコンテンツを見ているのが気にいらないのだ。保守派の声を聞かず、保守派には投票させないようにしているのだ」と攻撃した。

エヴァン・シュピーゲルCEOは、これまであまり目立った発言をすることはなかったのだが、意を決したように、五月三十一日、「親愛なるわがチームへ」で始まるメモをスタッフに発して、「はっきりさせよう。人種差別と暴力と不正にはグレーゾーンはない」と訴え、父が一九九一年のロス暴動のきっかけとなったロドニー・キング事件の調査チームの一員だったことや、留学した南アフリカで人種差別と闘う人びとと身近に接したことなど、自分の生い立ちを語ったうえで、企業は平等と正義の実現に貢献すべき役割がある、と訴えている。シュピーゲルCEOは、「この国の将来と、そこにおける会社の役割を熟考した」結果、このメモを書いた、と述べている。

しかし、トランプ陣営の選挙プロモートを制限しようというスナップチャットのこの判断については「言論の自由を犯す検閲」だとする批判もあり、トランプ大統領とツイッターに端を発したSNSの役割と権限をめぐる論争は今後も続いていくだろう。

ナチスのマークを〈アンティーファ〉に適用

トランプ大統領の常識外れの選挙キャンペーンには慣れたつもりだったが、六月十八日の『ワシントンポスト』を見て驚いた。「トランプ選挙チーム、ナチスが政治犯に用いたマークをキャンペーンに使用」という見出しで、赤い逆三角形のマークが出ていた。そしてその上には選挙を仕切る〈メイク・アメリカ・グレイト・アゲイン委員会〉の名で、「極左の危険なならず者の群衆がわたしたちの町を駆け抜け、とんでもない混乱を引き起こしている。彼らは街を破壊し略奪している。狂気の沙汰だ」とメッセージがかかれている。

この赤い逆三角形は、トランプ大統領が「テロリスト」と名指しした「過激派」〈アンティーファ〉を示すもので、「危険注意の呼びかけ」に使われていた。

しかし一九三〇年代には、この赤い三角形は、ヒトラー政権下でナチスが政治犯を識別するために使ったものだった。コミュニストを「国家の敵」とみなしたナチスは、共産主義者だけでなく、ヒトラーに反対する自由主義的な言論人の多くを非合法に逮捕し、この赤い逆三角形を縫いつけた囚人服を着せて強制収容所に送り込んだ。ユダヤ人をかくまった人びとも同様に投獄された。そして赤い逆三角形の服を着せられた人のほとんどは、強制収容所で殺されている。

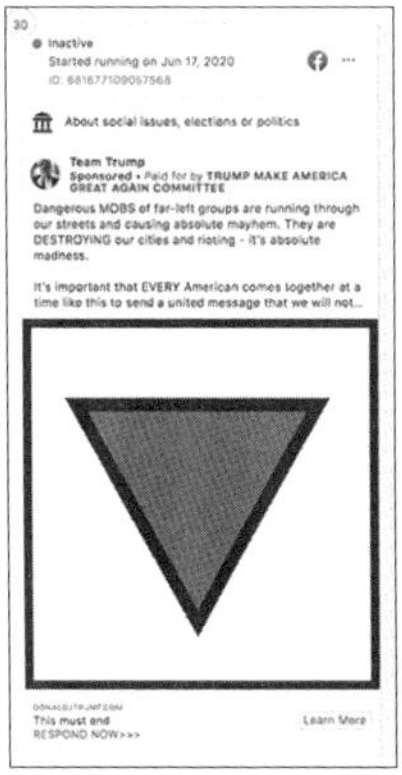

トランプ選挙チームのメッセージ

ナチスは囚人の識別マークを詳細に図式化し、赤い逆三角

ナチスが政治犯に着せた囚人服のマーク

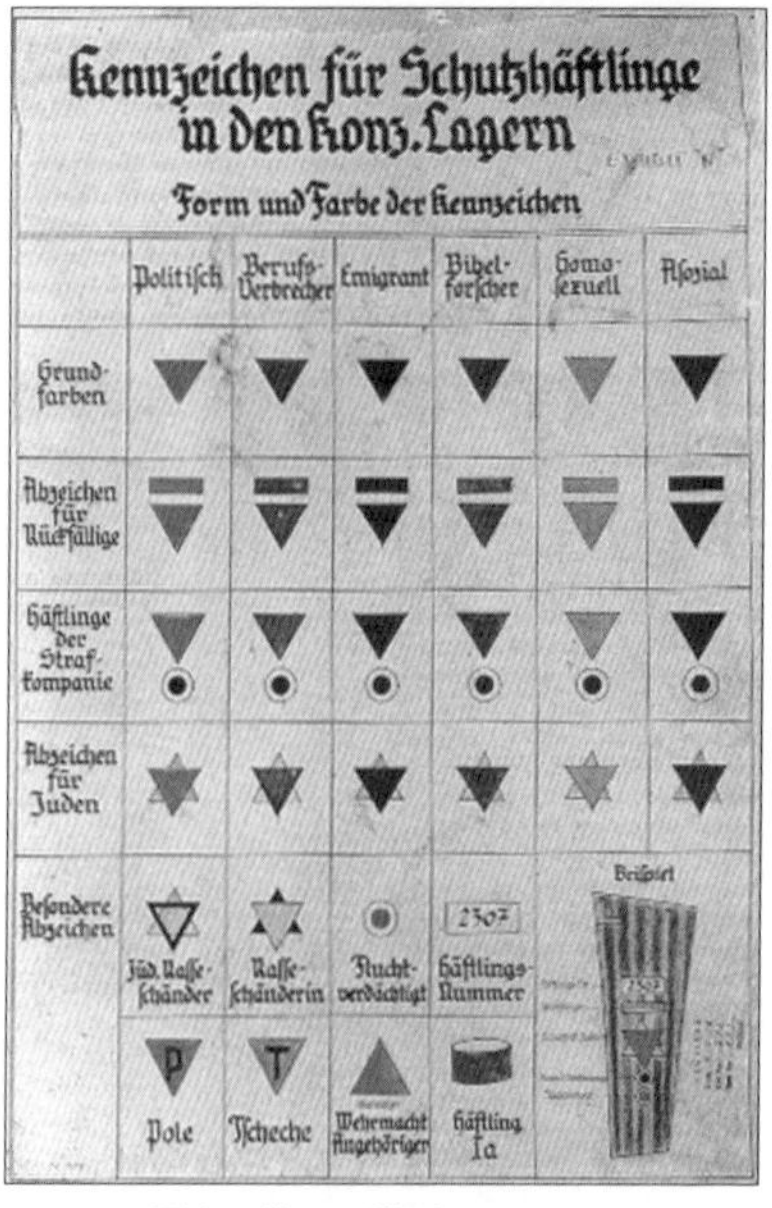

ナチスが囚人に使った識別マーク

形は政治犯、濃紺は非合法移民、ピンクは同性愛者などに分け、ユダヤ人には黄色いダビデの星を縫い付けた。

米国にはナチスを逃れて来たユダヤ人や、収容所で家族を殺されたユダヤ人、反ナチス政治犯の家族がいまでも数多く暮らしている。ニューヨークではナチスの鉤十字を落書きした場合、ヘイトクライムとみなされて訴追される。この赤い逆三角形は「歴史に埋もれた過去」ではなく、今も生き続ける人びとの記憶に痛々しく刻まれた差別と迫害の象徴なのだ。

4 反トランプのうねり――六月‐七月

バイデン候補、テレビCMを本格始動

新型コロナウイルスで露出が減り、影が薄かった民主党のバイデン候補が、ようやく本格的なテレビCMに乗り出した。

六月十九日に放送が始まった選挙CMは二種類で、ミシガン、ペンシルベニア、ウィスコンシン、フロリダ、アリゾナ、ノースカロライナという、前回選挙でトランプ大統領が制した諸州で放送されている。これはバイデン陣営としては初めての本格的な選挙CMで、五週間で千五百万ドル（約十六億五千万円）を投下した。バイデン候補は五月には八千八十万ドル（約九十億円）の選挙資金を集めていて、各種世論調査でトランプ大統領をリードするなど有利な情勢のなか、一挙に攻勢をかける狙いだった。

一方のトランプ陣営は春からバイデン攻撃のCMを流していて、二千二百七十万ドル（約二十五億円）

を投じている。放送地域も、勝負の行方を決するこの六州と、前回は制したものの今回は激戦が予想されるアイオワ、オハイオを加えた八州だ。

バイデン陣営はこれ以外に、フロリダ州とアリゾナ州でスペイン語生活者を対象に百万ドル（約一億一千万円）をかけた選挙広告を打っているほか、インターネットやラジオでも選挙広告を打った。

今回のバイデン陣営のテレビ広告は、白人警官の暴行によって死亡した黒人男性の追悼集会での演説を中心に据えて米国民の団結を呼びかけるとともに、分断を煽るトランプ大統領を強く批判する、オーソドックスな内容だ。

もう一本のCMも、農民やエッセンシャル・ワーカーの働く映像を中心に据え、ウォールストリートの金持ちではなく中産階級を豊かにして米国を支えていこうと訴える、ストレートなものだった。

バイデン陣営は、ヒスパニック、黒人有権者をとりこぼすことなく、二〇一六年はトランプに流れた中西部の中産階級、労働者階級に強く訴えかけようとする作戦だ。

「トランプ集会を予約して、入場券を無駄にしよう」

新型コロナウイルス感染の拡大で休止していたトランプ大統領の支持者集会が、六月二十日、オクラホマ州タルサで再開された。トランプ陣営では一万九千二百席の会場一杯に支持者が集まると予想し、会場に入れなかった支持者のためにわざわざ屋外にトランプ大統領とペンス副大統領を登場させるステージまで準備した。しかし、終わってみれば、会場はスカスカで、参加数は三分の一にも満たない六千二百人だった。選挙戦へ向けて勢いをつけたかったトランプ陣営としては出鼻をくじかれた形になった。

タルサでの集会を前に、選挙運動責任者パースケイルは、「選挙運動の本格始動だ」と息巻き、百万人の入場券予約があったと誇らしげにツイートしていたが、終わってみれば、あまりの入場者の少なさに、「抗議行動で支持者の入場が邪魔されたからだ」と不満をぶつけた。

このガラガラの会場について、どうやら若者に人気のティックトックを使うZ世代（一九九〇年代後半から二〇一〇年代前半生まれの世代）が一枚噛んでいたようだ。

ティックトックの若いユーザーたちは、「トランプ集会を予約して、入場券を無駄にしよう」と言うアピールを投稿し拡散させていた。トランプ集会サイトに登録し、無料で二席を予約する。当然行く気はないから、この二席は空席になる。これを人海戦術で繰り返せば、会場は空席だらけになる、という計画だ。このアピールは軽快なダンスの動画で拡散され、七十万人以上が見たと言われる。

ティックトックは二〇一七年に中国系ＩＴ企業が米国の若年層を狙ってスタートしたショートビデオの投稿サイトで、特殊効果を使った編集で人気を博していた。日本を含めて百五十カ国以上で展開し、ユーザーは五億人を超える。この五月には、ディズニーで動画プラットフォーム〈ディズニー・プラス〉の立ち上げを成功させたケヴィン・メイヤーがティックトックのＣＥＯに引き抜かれ、中国系企業に移ったことも話題になった。

このZ世代のティックトック作戦が実のところ、どの程度功を奏したのかはわからないが、感染拡大が続くオクラホマ州で大規模屋内集会を開催したトランプ陣営に後味の悪さを残したことは確かだった。なにしろ、黒人差別に抗議して連日集会やデモを続ける世代よりもさらに若い世代による静かな抗議行動だったからだ。

トランプ大統領は集会からの帰途、参加人数の少なさに激怒し、パースケイルは「左翼とネット上のトロールたちは集会に衝撃を与えたと勝利面をしているが、集会直前、メディアが新型ウイルスの恐怖を煽ったため、支持者が会場に来なかったのだ」と必死に反論したが、説得力はなかった。

「われわれの狙いはトランプだ」――共和党員の〈リンカーン・プロジェクト〉

二〇一六年の大統領選挙では、トランプ候補の粗暴な言動とモラルのなさに、共和党内からも「ネヴァー・トランプ」（トランプだけは御免だ）という動きがあった。議員のなかにも党の重鎮にも「ネヴァー・トランプ」がいた。しかし、就任から三年が経ち、強引な手法ながらトランプが手堅い岩盤支持層をつかむと、共和党議員たちは雪崩を打ったようにトランプ支持になびき、弾劾裁判でも中国との貿易戦争でもトランプ大統領を支えた。

しかし、現状を憂え、このままトランプ政権が続けば、共和党のみならず米国の民主主義が崩壊するという危機感を持つ共和党員の中から、トランプ再選を阻もうというグループが形成され、活発に反トランプ宣伝を進めていた。

二〇一九年十二月に結成された、スーパーPAC〈リンカーン・プロジェクト〉は、選挙を左右するウィスコンシン州、ミシガン州、ペンシルベニア州などのスウィングステーツの保守層にトランプ落選を訴えかけ、議会選挙でもトランプ支持の候補者を落選させようという運動を展開しており、一月からはテレビの六十秒CMを流し始めた。

趣意書には「われわれの目標はトランプ大統領とトランプ支持者を投票で打ち負かすことだ。われわれの政策は多くの点で民主党とは異なるが、憲法を守ろうという思いは共通だ」と書かれ、トランプは大統領職に不適格で「モラル」に欠けている、と訴えた。

当初は、訴求力のない動きと思われていた〈リンカーン・プロジェクト〉だが、新型コロナウイルスへのトランプ政権の対応への批判が高まるにつれて存在感を増し、五月には二〇一二年の大統領選挙をオバマと戦ったミット・ロムニーの選挙参謀だった、スチュアート・スティーヴンスも戦列に加わった。「世界が狂気に向かっているとき、わたしたちにできることは世界と一緒に発狂しないことだ。わたしの狙いはトランプだ。共和党支持者にトランプが何者であるか知らせることがわたしの仕事だ」とスティーヴンスは語っている。

トランプ大統領は〈リンカーン・プロジェクト〉を「負け犬」と呼び、不快感を隠していないが、〈リンカーン・プロジェクト〉は草の根の寄付金だけでなく、「隠れ反トランプ」ともいえるウォールストリートからの大口の献金も集めた。六月に入ってからは、トランプ政権の対中国政策を批判するCMを流すなど、立て続けにスポットCMを流した。

インスタグラムが抗議行動の起点に

インスタグラムと言えば、「インスタ映え」という言葉が示すように、食べ物やファッションや観光地やお洒落な背景の写真・動画など、セルフィッシュな世界のソーシャル・メディアだと思っていたが、五月に黒人男性が白人警察官に首を圧迫されて死亡し、それに対する抗議行動が全米で広がってから、インスタグラムは大きく変わった。

NAACP（全米黒人地位向上協会）はこの一カ月で百万のフォロワーを獲得し、〈ブラックライヴズ・マター〉、ロサンゼルス〉は四万から十五万にフォロワーを伸ばした。

もともとツイッターやフェイスブックはユーザー年齢も上で政治的なコメントが多く、選挙運動などにも積極的に使われてきたが、インスタグラムは、おもに白人若年層の使うソーシャル・メディアだと見られていた。しかしそのユーザー数は圧倒的で、ツイッターのデイリー・アクティブ・ユーザーが一億六千万なのに対して、インスタグラムは五億を超える。

全米に広がった今回の抗議行動を見ていると、参加者はほぼミレニアル世代かそれより若いZ世代で、白人の若者が多い。そして特定の組織に拠らない、自発的で緩やかな集まりだ。ある若い抗議活動家は「ここ数年の抗議行動は若い世代だし、ことに、白人警官による事件以来、インスタ映えするフードやファッション写真をスクロールしていても、殺された黒人男性のビデオや抗議活動の動画が目に触れる。この世代では、いま人種や差別の問題が、スキンケアやフィットネスと同じように日常会話のトピックになっているのだと思う」と述べている。

これまで脇役だった「真面目な問題」がインスタグラムのメインストリームになってきているのだった。しかもハリウッドの俳優やセレブたちが、人種差別反対の映像、写真を自分のアカウントから拡散することで、この傾向に拍車がかかった。米国では若者も「正義」についての自分の考え方や社会批判を積極的に口にするし、セレブリティたちは、自分の考えを述べることが義務だと心得ている。

今後もインスタグラムが社会問題の言論空間となりつづけるのか、元のように「インスタ映え」のセルフィーに戻っていくのかはわからないが、手元になじむメディアを自分たちのオピニオンの発信につなげていくSNS世代のしたたかさは、平和的な抗議行動を、もう一カ月も続けている粘り強さとともに、新しい動きを感じさせるものだ。

トランプ選挙アプリはプライバシーを危険にさらす?!

トランプ大統領の携帯用選挙アプリ〝Trump 2020 App〟はゲーム感覚で楽しめる選挙アプリだ。トランプ大統領のツイートをシェアすると一ポイント、キャンペーンアプリを友達とシェアすると百ポイントがもらえて、五千ポイントたまるとキャンペーンストアで〈メイク・アメリカ・グレイト・アゲイン〉の帽子などのトランプグッズがディスカウントで買える。そして十万ポイント貯めると、トランプ大統領と一緒に写真撮影ができる特典がついている。

アプリをダウンロードして携帯番号を入れ、送られてきたコード番号を入力すると、「トランプの集会とイベントに登録して勝利を助けよう」というページがあらわれ、その先には「アプリを友達とシェアしてポイントを稼ぎ、アップグレードしよう」と出る。さらに進んで姓名、メールアドレス、郵便番号を記入すると、イベント予定とともに対抗する民主党のバイデン候補を批判する大量のメッセージが送られてくる。トランプ演説もフォックスニュースなどの映像とともに編集されていて便利だ。もちろん寄付のボタンもあり、「トランプとともに戦おう!」とあって、さまざまなグレードの「戦士」になれる。

この選挙アプリ〝Trump 2020 App〟は半年かけて入念に準備され、四月中旬に本格始動したもので、選挙運動責任者のパースケイルは「われわれはこれまで集会中心に選挙運動を組み立ててきたが、デジタルを政治に活かすための最高のツールだ」と語り、競争を次々に勝ち抜いて勝利をつかむゲーム感覚で選挙運動を応援できる、とした。

トランプ陣営は、このアプリデータと共和党全国委員会がすでに集めたデータを駆使して、データ主導のアドレス選挙広告を個人宛てに打つなどのキャンペーンを繰り広げていた。

ところが、このトランプ大統領の選挙アプリが集める個人情報がプライバシーを深刻なリスクにさらしているとサイバーセキュリティの専門家が指摘した。

一度アプリをダウンロードすると、位置情報やブルートゥースのペアリング情報、ID、通話情報が筒抜けになるというのだ。たしかに、「このアプリは開いていない時でもあなたの位置情報を使用することがあり、バッテリーを減らすことがあります」と書かれている。専門家は、「政治的な意図はともかく、このアプリはプライバシーについて懸念があります。選挙情報というより、ポケットにスパイを入れているようなものです」と警告している。「なぜこういうアプリに電話番号や位置情報やブルートゥースのデータなど余計な情報が必要なのでしょう。これらのデータがどう使われるかには疑念が残ります。こんなアプリはインストールしないことがベストです」。

「二度目の南北戦争」の呼びかけ

フェイスブックへの大手スポンサーの広告出稿中止が話題になっているが、もともとは虚偽情報の掲載や暴力を賞賛するコメントの削除を長年にわたって要請されながら、ザッカーバーグCEOが「フェイスブックは意見をもったメディアではなく、場貸しのプラットフォームにすぎない」と主張し続けてきたことに原因はある。ところが、さすがに社員のストライキや広告の引き上げがこたえたのか、あるいは〈ブラックライヴズ・マター〉運動の風潮に合わせてただけなのか、そのフェイスブックも多少方針を変えたようだ。

フェイスブックは六月三十日、極右武装団体〈ブーガルー Boogaloo〉とその活動を支援する「危険な組織」の二百二十のアカウントと百六のグループ、九十五のインスタグラム上のアカウントを削除したと発表した。さらに四百を超えるフェイスブック上のアカウントとさらに百をこえるグループを削除する予定だという。

〈ブーガルー〉とは数年前に始まった白人ナショナリストの運動で、その名前は八〇年代のブレークダンス映画から取ったと言われている。ことにここ数カ月の間に社会活動の前面に出てくるようになった。〈ステイ・アット・ホーム〉に反対し、民主党の知事たちに経済再開を迫る集会や、黒人男性を死亡させた白人警察官に端を発する差別反対の抗議行動に反発する活動では、自動小銃を抱えて行進を遮るなど、過激な反応を示すようになっている。〈ブーガルー〉は「二度目の南北戦争」を呼びかけていて、アロハシャツとバンダナと迷彩色の防弾チョッキが目印だ。抗議デモを逆利用して騒ぎを起こし、暴動を煽ろうとしているともみられている。

連邦検察局は〈ブーガルー〉が、オークランドの連邦裁判所で警備員が殺された事件にかかわったとして、メンバーを起訴しており、バー司法長官も先週、極右組織〈ブーガルー〉と「極左集団」〈アンティーファ〉を「反政府過激派」として取り締まりを強化する考えを示している。

フェイスブックは他の極右白人ナショナリスト組織〈プラウド・ボーイズ〉や〈アメリカン・ガード〉の数百にのぼるアカウントも削除しており、「暴力を助長する文言やマークは削除する」と厳しいスタンスに変わってきている。

はたしてこれが離れていく広告主をつなぎとめようとする小手先の変化なのか、フェイスブックが「メディアとしての責任」を果たそうとする方向転換なのかはまだわからない。

トランプ大統領、ソーシャルメディアから締め出される

四年前にはツイッターへの投稿を繰り返すトランプ候補の発信術はとんでもなく異様だった。その一方で、民主党のヒラリー・クリントン候補への誹謗中傷を繰り返しフェイスブックに投稿し、テレビ広告に頼ることなく、もっぱらゲリラ的にソーシャルメディアでの言論活動を展開するトランプ陣営のメディア戦略は、まったく新しい選挙キャンペーンで新鮮だった。

ところが、トランプ大統領の発信源となってきたフェイスブックもツイッターも、黒人差別抗議行動が広がる中、差別を助長する発信や暴力を誘発する大統領の呼びかけを、新しいガイドラインに反するとして削除、あるいはリツイートできなくする措置を取り始めた。

六月二十九日にはソーシャルメディア・プラットフォーム〈レディット Reddit〉が、「ヘイトスピーチ」だとして、白人至上主義者のトランプ支持フォーラム r/The_Donald を閉鎖した。ツイッターもトランプ陣営のキャンペーンビデオを「暴力に関する規定」に抵触するとして配信を中止した。

この r/The_Donald は、二〇一六年の大統領選挙直前には、ワシントンDCのピザ店が民主党の児童買春の隠れ家となっているという、いわゆる〈ピザ・ゲート陰謀論〉を流して、信じ込んだ共和党支持者が銃撃騒ぎを起こす原因となり、二〇一七年にはシャーロッツビルでの白人ナショナリストの暴力的な集会

の旗振り役になっている。

ちょうど、トランプ陣営が、宣伝放送の拠点を四大ネットワークの一角フォックスニュースからカリフォルニアの小規模なテレビ局ＯＡＮＮに移したように、ツイッターやフェイスブックなどの大手ソーシャルメディアからも締め出された彼らは、〈パーラー Parler〉や〈ギャブ Gab〉、〈ディスコード Discord〉、〈アービット Urbit〉といったニッチなプラットフォームに投稿先を移している。

ところが、〈ディスコード〉も先週、極右のトランプ支持組織〈ブーガルー〉の投稿をブロックした。トランプ陣営の中には、行き場を失いつつあるトランプ支持の白人ナショナリズムの言論を携帯用選挙アプリ"Trump 2020 App"で救い上げようという声もあるが、r/The_Donald の呼びかけには、きわめて過激なものもあり、トランプを支持する穏健な保守層にどう受け止められるかは予断を許さない。

「デッチ上げ世論調査をありがとう」

ホワイトハウスの大統領執務室に置かれているテレビモニターの数は三台とも六台ともそれ以上とも言われているが、テレビ報道への反応はいつでも早かった。

フォックスニュースは、毎週末の午後には『アメリカズ・ニューズ・ヘッドクオーター』という、ニュースのまとめ番組を放送していて、選挙が近づくと、日曜午後は選挙情勢を中心に、保守系のコメンテーターを招いて選挙の動静を詳しく論じる。

七月五日も、午後の番組で、キャスターがＣＮＢＣとチェンジ・リサーチによる世論調査を取り上げて、スウィングステーツでバイデン有利と報じ、出演した『ウォールストリートジャーナル』のデスクが「現段階では、トランプ大統領は当選に必要な票数を確保するのが難しい。まだ選挙まで数カ月あるし、有権者のムードはあっという間に変わるかもしれないが」とコメントした直後、トランプ大統領はさっそくフォックスニュースを批判するツイートを投稿した。

「デッチ上げ世論調査をありがとう。われわれの真実の世論調査ではこちらがリードしている。しかも共和党支持者では九六パーセントの支持率だ。二〇一六年の再現だ！　フォックスニュースの週末午後は最悪だ。CNNとMSDNC（MSNBCは民主党べったりだとして、トランプ陣営はMSDNC＝民主党テレビ局と揶揄している）の領域に入ってきている。OANNとニューズマックスを観るべきだ。ずっといい」。

OANNはカリフォルニアの小さなテレビ局で、いまではフォックス以上に、トランプ陣営の「プロパガンダ局」となっている。もうひとつのニューズマックスはフロリダに拠点を置く、ウェブサイトとケーブルテレビのニュース局で、長年共和党の牙城で、フォックスニュースに対抗する「もうひとつの保守系テレビ」を自認している。視聴者はベビーブーマー世代で、ニューズマックス・オンライン利用者の平均年齢は五十四・七歳だ。

しかし、四大ネットワークの一角フォックスは保守系の視聴者数への影響力も圧倒的に大きく、選挙戦の終盤、トランプ政権とフォックスとの距離の微妙な変化には十分注意が必要だ。

ティックトックをめぐる米中データ戦争

ポンペオ米国務長官は、七月六日夜のフォックスニュースの番組で、ティックトックなど、中国企業が米国で展開するソーシャルメディア・アプリの使用禁止を検討していることを明らかにした。国務長官によれば、アプリの利用によって、個人データが中国共産党によって収集される恐れがあるためだという。

かつての冷戦は米ソ間の核兵器開発をめぐる重厚長大な軍需産業による戦いだったが、現在、米中間で激しく繰り広げられているのは、データをめぐる冷戦だ。ポンペオ長官の発言によって、ファーウェイ製品のボイコットと同様、楽しいダンスやコミカルなシーン満載のショートビデオ投稿プラットフォーム、ティックトックが、米中のデータ冷戦の真っただ中に置かれていることを示した。

ティックトックは中国に拠点を置く企業が運営するアプリだが、米国内のユーザー数は二〇二〇年三月末で一億六千五百万人にのぼり、世界全体では三億千五百万人とされている。新型コロナの〈ステイ・アット・ホーム〉でさらに使用者が伸びたと言われている。

ポンペオ長官はフォックスニュースの番組で、「あなたのプライベート情報が中国共産党の手に落ちてもいいのなら、ダウンロードすればいい」と語ったが、米国政府は、ヘビーユーザーである十六歳から二十四歳までの年齢層のデータが集められ、そのまま北京に送られている、と見ていた。すでに昨年の公聴会で、共和党のハウリー上院議員が「ティックトックはあなたの子どもたちがどこにいて、どんな格好で、どんな声で、何を見て、どんな動画を友人と交換しあっているかを知っている。中国政府のお墨付きを得てだ」と中国製アプリの脅威を語っている。それによれば、ティックトックは位置情報だけでなく、電話番号、携帯のシリアルナンバー、私的なメッセージ、履歴、ＩＰアドレスなどを収集し、中国政府に渡しているという。

ティックトック広報は「ティックトックの最高経営責任者は米国人であり、米国内の安全性やセキュリティ、パブリックポリシーに関してはキーとなるリーダーが対応している。ユーザーに安全とセキュリティを提供することが最高のプライオリティであって、中国政府にユーザーデータを提供したことはないし、要請されてもそのつもりはない」と答えている。またデータについては「米国内のユーザーデータはすべて米国内にストックしている。データセンターはすべて中国国外にあり、中国国内法の対象となるものではない」としている。

しかし、先週すでに、中国との間で軍事的な緊張を高めるインド政府はティックトックを含む五十八の「中国製」アプリを、国家安全上の問題とプライバシーへの懸念からインド国内で使用禁止とし、豪州政府も禁止を検討中だという。

トランプ陣営では、収集したデータをもとに中国政府がトランプ陣営に不利な虚偽情報を大量に流し、大統領選挙を混乱させようとしているのではないか、と見ていた。しかも、真偽のほどは不明にしても、六月二十日のタルサでの集会をティックトックの若者ユーザーたちによってつぶされたという報道を苦々しく思っているトランプ陣営としては、ティックトックを排除することは選挙戦にとっても安心材料であることは間違いなかった。

ただ、ティックトックなどの中国製アプリと中国政府とのつながりについては、トランプ大統領に対抗する民主党側も否定することはできず、米中冷戦の最前線であるデータ戦争は米国内の分断した党派を超えた懸念になっていた。

中国共産党を徹底的に標的にする――バノンの選挙戦略

トランプ大統領を二〇一六年の選挙で勝利に導いた立役者スティーブ・バノンは、首席戦略官というホワイトハウスの要職を離れた後も、トランプ再選のためのグランド・デザインを描き続けていた。「トランプ政権への影響力はもはやない」と言う人もいるが、バノンはトランプ側近という立場を超えて、米国の危機の在り処を突き付け、その克服のために政治権力を使おうとしている。バノンの世界観は、二〇一四年夏のバチカンでの会議にオンラインで送った講演に明確に表れていて、みずからを「右のレーニン主義者」と規定するこの戦略家は冷徹で、権力の奪取と維持のためには手段を選ばない。

香港に拠点を置く英字新聞『アジアタイムズ』（七月十二日）のインタビューで、バノンは中国共産党を徹底的に標的とすることで、トランプ再選を勝ち取る見取り図を描いた。以下はインタビューの要約だ。米国と中国との軋轢が一過性のものではなく、米政権が変わろうとも、容易に引き返せない地点まで来てしまっていることがわかる。そしてまた、このインタビューからはトランプ陣営の、残り三カ月半の選挙戦略が見えてくる。

二〇一六年当時、米国の中間層と労働者層は史上初めて、米国が衰退の途にあり、エリート層はそのことに無頓着だと感じていた。トランプはそこに焦点を当てた。ヒラリー・クリントンはグローバリズム推進者でエリート側の人間だった。

トランプは就任初日から米国の衰退と闘っている。このナショナリストとグローバリストの闘争を、もっと先鋭に打ち出すべきだ。二〇二〇年は二〇一六年の選挙の続きだ。最後の百五十日が勝負だ。グローバリストのジョー・バイデンとウォールストリートの党である民主党vs経済ナショナリズムの闘いだ。

闘いの中心は中国問題だ。わたしは、二十一世紀はアジアの世紀だと確信している。中国共産党との対立が、二〇二〇年の選挙の唯一重要な問題だ。

トランプは現在、世論調査では負けている。しかし、米国に対する経済戦争が二〇二〇年の選挙戦の中心となるだろう。

中国政府はギャングの集団だ。中国共産党はまったく正統性がない。中国民衆の自由を奪い、ウイグル族、チベットの仏教徒、地下のカトリック教会に対して行ったことは恐ろしいことだ。

そして中国は、台湾、日本、韓国、インド、シンガポール、ベトナムなどあらゆる国の政府とも対立している。各国政府は中国共産党を警戒せよ、と理解しているはずだ。南シナ海でもインドとの国境でもそれがはっきりしている。

中国共産党は、二十世紀が積み残した問題だ。中国共産党は米国に情報・サイバー戦争と経済戦争をしかけている。

トランプは米国史上、中国共産党に立ち向かった唯一の大統領だ。米国政府も米国民も中国共産党が仕掛けた対立のまっただなかにいる。香港は一九三八年のオーストリアだ。米国政府とトランプ大統領は貿易協定を撤回し、香港で中国共産党とビジネスを行う企業、銀行に制裁を科すべきだ。そうすれば、中国共産党が香港を、これまで数十年にわたってやってきたように、資本市場として利用することができなくなる。

わたしがアドバイスしたいのは、中国共産党を西側の資本と西側のテクノロジーから徹底的に締め出せ、ということだ。

中国は二〇一九年に〈一帯一路〉の提唱が成功すると、ファーウェイ主導の5Gや量子コンピュータを打ち出し、〈メイド・イン・チャイナ二〇二五〉宣言がうまくいくと、AIやバイオテクノロジー分野にも独自に進み始めた。二〇一九年の段階では中国は「勝てる」と思っていたはずだ。唯一の障壁がドナルド・トランプだった。そこで、米国に情報戦争と経済戦争を仕掛けた。

中国の焦点はパキスタン、イラン、トルコ、ロシアを巻き込んでユーラシア大陸を支配することで、米国をなるべくユーラシアから遠ざけ、太平洋のグアムまで押し戻すことだ。中国はその道筋を整えたと言える。

中国共産党は即時解体すべきだ。言論の自由、集会の自由、宗教の自由を保障すべきだ。そうすれば数十年のうちに中国は繁栄するだろう。

現在の問題は、オバマ政権が中国を甘やかしてきたことにある。オバマ政権は習近平主席と南シナ海の非軍事化やサイバー攻撃の中止について話し合ったが、中国はひとつも守っていない。バイデンも米中関係の失敗に責任がある。中国をWTOに加入させたのも、中国に有利な貿易協定を結んだのも、オバマ－バイデンが中国に甘かったからだ。バイデンが二〇二〇年の選挙に勝てない理由は、米国の有権者は親中国のグローバリズム主義者には投票しないからだ。

これからの百五十日間で、米国民はバイデンがどんなことをしてきたかを知るだろう。バイデンとその息子は中国共産党に米国を売ったのだ。わたしはこの百五十日間を、バイデンが何者で、何をしてきたかを知らせることに費やす予定だ。

二十一世紀はアジアの世紀だ。米国は太平洋のパワーだ。トランプ大統領がやったことは、大西洋や旧世界から新しい世界に外交政策をシフトしたことだ。

しかし、中国共産党の戦略は見事だと言える。〈一帯一路〉でユーラシア大陸を押さえ、海洋ではすべての軍事上の要所を押さえ、民主主義をアジア大陸から数千キロも遠いグアムに追いやろうとしている。だが、中国は悪の帝国でナチスと同じだ。ファシストだ。全体主義独裁制で、中国国民のことなど考えていない。

中国共産党は資本市場を持っていない。その理由は、民衆が自国の法の支配を信じていないからだ。香港がいい例だ。「五十年間一国二制度を守る」と言っていたが、ウソだった。

自由を愛する者、そして米国国民は、中国共産党と対決しようと考えているし、中国民衆を支援しようとしている。なぜならば、中国の民衆だけが、中国共産党を倒せるからだ。それを支援することがわたしの生涯の仕事だ。

5 ラストスパートへ――八月－九月

大統領選挙、全国党大会を終えラストスパートへ

民主、共和両党が正式な大統領候補を決める全国大会を終え、選挙戦はラストスパートに入った。両党の全国大会のテレビ視聴数は、リモートを基本とした民主党が、趣向を凝らしたライブイベントの共和党を上回った。

それぞれの大統領候補が指名受諾演説を行う四日目はもっとも注目されたが、民主党バイデン候補の視聴数二千四百六十万に対して、共和党トランプ候補の視聴数は二千三百八十万と、民主党側に軍配が上がった。共和党の四日目は、トランプ旋風が吹き荒れた前回よりも二六パーセント下落したが、両党とも四日間を通じて二〇一六年の視聴数を下回った。

二〇一六年の大統領選挙の総得票数ではクリントン候補が約二百八十万票上回ったにもかかわらず、獲

得した「選挙人」の数では、クリントン候補の二百三十二人に対し、トランプ候補が三百二人と七十人上回り、第四十五代米国大統領に選ばれた。

ほとんどの州では、一票でも多くの票を獲得した候補がその州の選挙人全員を獲得できる「勝者総取り」のためだ。この「選挙人」制度には批判もあるが、米国大統領選挙史上、ほとんどの大統領選挙では選挙人の数による勝敗と、全国得票数による勝敗が一致してきた。最近では二〇〇〇年の選挙で、得票数で五十万票上回った民主党のアル・ゴア候補が共和党のジョージ・W・ブッシュ候補にフロリダ州でわずか五百三十七票差で敗れたことはまだ記憶に新しい。

前回、トランプ候補はミシガン州、ペンシルベニア州、ウィスコンシン州の三州を僅差で制し、四十六人の選挙人を獲得したことが勝利につながった。

クリントン候補との得票率の差は、ミシガン州で〇・二ポイント（一万七百四票）、ペンシルベニア州で〇・七ポイント（四万六千七百六十五票）、ウィスコンシン州で〇・八ポイント（二万二千百七十七票）だ。二〇一六年の大統領選挙では、結局この七万九千六百四十六票が勝負の行方を決めた。全投票数の約〇・〇五パーセントで勝利が左右したと言える。

米国の選挙では、十八歳以上の国民に投票権があるが、有権者は事前に「有権者登録」をしなければならない。以前はこの有権者登録の際に人種差別的な制限が行われていて、二〇一三年に最高裁がそうした差別的制限を無効とした後も、共和党が多数を占める州議会では、「不正投票を防ぐ」という名目で、有権者登録を厳格化している。また、投票所を黒人居住区から遠くに設置しなおしたり、本人確認に自動車免許証の提出を求めたりと、なるべく黒人、ヒスパニック層の投票への意欲をそぎ、投票させないような術策を駆使している。

また、焦点となっている郵便投票は、二〇一六年では全投票の二一パーセントで、二千八百万票を上回ったが、トランプ大統領は「郵便投票は不正の温床」だとして、郵便投票の実質的な骨抜きを目論むなど、なりふり構わぬ作戦に出てきた。

投票日に向けてメディア各社は頻繁に支持率調査を行うが、二〇一六年には「隠れトランプ」の実態や窮乏化する地方の旧中間層の不満を見抜けず、予想は大きく外れた。今回の選挙でも事前の世論調査、支持率調査の数字は、当日の投票行動にとって、あまり意味を持たないと言えそうだ。

トランプ大統領の岩盤支持層は固く、調査によれば共和党支持者の九割以上がトランプに投票することを決めている。トランプ支持層は「有権者登録」を確実に行い、当日、悪天候でも投票所に足を運ぶ人びとだが、民主党支持層には、そこまでの「熱量」は見受けられない。民主党がさかんに若年層に有権者登録と、投票所へ足を運ぶことを訴えかけているのはそのためだった。世論調査では千人につき、二・九七パーセントの誤差が出るとも言われており、世論調査の数パーセントのリードは誤差の範囲にすぎない。

分断された米国では、すでに多くの州が「レッド・ステート」（共和党多数）か「ブルー・ステート」（民主党多数）か、選挙前から明確になっている。勝敗のカギを握るスウィングステーツの約百人の選挙人の行方だけが注目点だ。

トランプ陣営はすでに、スウィングステーツ内の郡単位に至るまで、動静の把握を進めており、僅差で負けた場合には、郵便投票の不正を言い立てて、連邦裁判所に選挙の無効を求める戦略を立てていた。

「トランプへの熱狂は急速に高まっている」――マイケル・ムーア監督の警鐘

二〇一六年の選挙でドナルド・トランプの勝利を早くから予想した数少ない人物であるマイケル・ムーア監督が、自身のフェイスブックで「トランプへの熱狂は急速に高まっている」と投稿し、トランプ再選の可能性が高まっていることに警鐘を鳴らした。

ムーア監督は二〇一六年十月、まだ「ヒラリー・クリントン絶対有利」と見られていた時期に「トランプが選ばれたら、人類の歴史に記録された最大のf***になる。どうやらそうなりそうだ」とトランプ支持者の熱狂が確かな土台を持つものととらえ、クリントン優勢の声に異議を唱えたが、その時は、「天邪鬼なムーア流の皮肉な言動にすぎない」と一蹴された。

ムーア監督はその時の根拠として「トランプは傷ついている人びとに物事を語り掛けている。それが、かつて中流層と呼ばれた、打ちひしがれ、名もなき、忘れられた労働者たちがトランプを愛する理由なのだ」と述べていた。そして今回もCNNの世論調査でトランプ、バイデン両候補が、勝敗のカギを握るミネソタ州で四十七対四十七と並んだことを受けて、「トランプ有利」と判断している。ことにバイデン陣営がスウィングステーツを訪れて選挙運動を展開すると発言していながら動きが遅く、激戦のミシガン州がその遊説予定の中に入っていないことに危機感を募らせている。

ムーア監督は「あなたはトランプの勝利に準備はできているか。再びトランプに出し抜かれることに心の準備はできているか。トランプが勝つわけはないという確信が気持ち良いだけなのではないか」とバイデン支持者たちに問いかけた。「いまのうちに警告しておくが、トランプの岩盤支持層六千万人の熱狂のレベルは急速に高まっている。バイデン側はそれほどではない」と、トランプ支持者の熱狂ぶりと、バイデン陣営の盛り上がりのなさを冷静に比較したうえで、こう警鐘を鳴らした。

「トランプを引きずり下ろすことを民主党だけに任せていてはいけない。あなた自身がトランプを引きずり下ろさなければならない。これから投票日まで、わたしたちは毎朝、目が覚めたら、自分は百人を投票所に連れて行くぞ、と固く誓わなければならない。ACT NOW」。

トランプ再選への勝利の方程式

日本から見ると、米国は新型コロナウイルスによって六百万人が感染し、十八万人の死者を出して、明らかに感染対策に失敗したように見える。黒人差別を放置することによって全米各地で混乱を招き、ありえないような「陰謀論」を振り回し、経済の国際協調路線から外れて米国を孤立させている大統領が再選を果たすというシナリオは想像しづらいかもしれない。しかし、ドナルド・トランプは着実に再選への道を進んでいるように見えた。

『ボストングローブ』が九月一日、トランプの勝利の方程式について書いている。

まずトランプ候補は一般投票では勝てないし、トランプ陣営も一般投票で勝てるとは信じていないと言う。一方、民主党のバイデン候補は「勝利に必要な数の選挙人を取れない」と『ボストングローブ』は言う。

CNBCの最新の世論調査によれば、当選のカギとなるアリゾナ、フロリダ、ミシガン、ノースカロライナ、ペンシルベニア、ウィスコンシンのスウィングステーツ六州で、新型コロナウイルスへの不安を感じる人は四九パーセントから四五パーセントへと減り、トランプ大統領のコロナ対策を評価する声が三パーセントアップして四七パーセントになるとともに、経済への悲観的な見方は六パーセント下がった。これは、この六州ではバイデン候補のアドバンテージが消えてしまったことを意味する。しかも世論調査での「隠れトランプ」の心理は今も続き、トランプ支持者の一一パーセント余りが、質問されても「トランプ支持」とは答えない、と言う。

バイデン陣営は、今年の選挙は、経済、新型コロナウイルス対策、人種差別による社会的混乱について、現職トランプ大統領への信認を問う国民投票という位置づけをしているが、この戦略そのものが間違っている、とコラムニストは書く。なぜか。

新型コロナウイルスへのワクチンは、十月中旬までには米国食品医薬品局が第三段階の実証試験を飛ばして、緊急許可を下して市場に出まわることになるだろう。トランプ大統領は選挙直前に「ワクチン」をアピールすることができるだろう。

米の実態経済は十月中旬にはまだ回復のメドが立たないだろうが、民主党が多数を占める下院が、大統領の提出した第二弾の景気対策を承認しないことが原因だと責任転嫁する。ワクチン報道によって株価さえ支えられれば、もともと経済政策については、トランプ大統領の支持率はバイデン候補よりも高い。

社会的混乱については、デモ参加者が暴力的になればなるほど、トランプ大統領は「秩序の守り手」であるという姿勢を前面に出し、バイデン候補の背後にいる過激な左翼が混乱を煽っている、とこれまた責任転嫁することができる。

そして、最後に、米国の大統領選挙では大切なことだが、「強い馬と弱い馬を目にした時、人は自然と強い馬の側につきたがる」という要素を挙げている。共和党大会の四日間は、これでもかというくらいに「強い」トランプを見せつけた。

トランプに票を入れるには、トランプが好きである必要はこれっぽっちもないのだ。

「トランプは敗北を認めない」

二〇〇〇年の米大統領選挙で、民主党アル・ゴア候補がフロリダ州の得票数で共和党ジョージ・W・ブッシュ候補に、わずか五百三十七票差で敗れたことが連邦最高裁で確定したのは、投票日から一カ月以上経った選挙人確定日当日の十二月十二日だった。

この時、もう一度再集計を求めることも可能だったが、ゴアは「最高裁判断には同意できないが受け入れる。国家を分断させるよりも団結させるべきだ」とテレビで敗北宣言を行い、それを受けて、ブッシュが、改めて勝利宣言を行った。三十五日間の法廷闘争だった。この時のフロリダ州の投票総数は五百八十二万五千票だったから、〇・〇〇九二パーセントの差で、ブッシュ大統領が誕生したことになる。

さて、もし僅差で敗れた場合、トランプ大統領は「同意できないが、敗北を受け入れる」と言うだろうか。敗北宣言するドナルド・トランプの姿を想像できるだろうか。大統領自身、八月十七日に「われわれがこの選挙で負けるとすれば、それはこの選挙で不正が行われたときだけだ」と述べ、敗北を受け入れない姿勢を明確に示した。

『ガーディアン』の世論調査によれば、「トランプ候補は選挙で負けても、敗北を認めることを拒否するだろう」と答えた人の割合は四七パーセントに上った。バイデン支持者でそう思う人は七五パーセント、トランプ支持者の三〇パーセントがそう考えている。

また逆に「バイデン候補は敗北を認めることを拒否する」と考えている人は、トランプ支持者で四一パーセント、バイデン支持者で二八パーセントだった。

すでにトランプ支持者の六〇パーセントが「この選挙はいままさに不正が行われている」と考えており、バイデン支持者も五三パーセントがそう思っている――つまり米国では有権者の過半数が自国の選挙システムの公平性を信用していないし、対立候補を信頼していないのだ。米国の分断のきわまったところが、民主主義の根幹であるはずの選挙システムへの不信に行きついている。

またトランプ支持者の七三パーセントが「郵便投票は不正の温床になりうる」と懸念していて、バイデン支持者の三六パーセントを大きく上回った。トランプ陣営の宣伝が効果をあらわしていた。

選挙当日の夜、開票結果は圧倒的にトランプが優勢でトランプ陣営は早々に勝利宣言を行う。しかし何日かのタイムラグがあって、郵便票が集計された結果、バイデン優勢となるが、トランプ陣営は、「選挙に不正があった」として、連邦裁判所に訴え出る――こうした展開も予想されるが、こういった事態に、バイデン陣営はどう備えているのだろうか。

現在の選挙法では、十二の州で投票日前の郵便票の開票は認められておらず、その中にはミシガン州、ニューハンプシャー州、ペンシルベニア州、ウィスコンシン州などの激戦州が含まれている。このままだと、フィラデルフィアやミルウォーキー、デトロイトなどの民主党の大票田の集計は何日か遅れることになる。バイデン陣営では法律の改正を求めている最中だ。たとえば、新型コロナが猛威を振るうミシガン州では、投票の六〇パーセントである約三百万票が郵便投票になることが予想されている。民主党では投票日前に郵便票の開票をはじめ、サインが登録と異なる場合は、その投票者に接触できるよう法の改正を求めている。しかしこの法案が通らなければ、開票結果の判明は十一月六日か七日になる可能性がある。

トランプ大統領の「郵便投票はつねに不正の温床だ」という発言は、この展開を見越したものであることは間違いない。

「これほど銃に関心が寄せられたことはない」――銃器販売、過去最高を記録

八月の米国内の銃器販売が過去最高を記録した。二〇一九年の八月と比べると五七パーセント増で、百六十万丁の銃が購入された。これは米国市民の社会不安への対抗自衛策と見られている。

この銃の売れ行きは三月から続いていて、三月から八月までの六カ月間、連続して販売の記録となっている。ＦＢＩによれば、これまで一カ月の銃の販売が百万丁を超えたことは二度しかなかった。

あるデトロイトの銃器インストラクターは、「これまで十五年間、銃器の安全な取り扱いを教えているが、これほど銃に関心が寄せられたことはない。ＰＲしなくても電話は鳴りっぱなしだ」と語っている。

購入者の四〇パーセントは初めて銃を買う層で、八月までですでに五百万人が新たに銃の所持者となり、八月だけでも初心者の購入は六十四万件に上ると推定されている。背景には新型コロナウイルスや経済の落ち込みへの不安に加えて、人種差別に端を発する抗議行動が、左右の政治的グループの極端な暴力行為を誘発していることが挙げられていて、この勢いは年末まで続くと見られている。

米国では銃の購入には、ＦＢＩのバックグラウンドチェックが必要だが、その件数も、三月以来、これまでになく大きな伸びを示している。

米国修正憲法第二条に認められた銃の所持の自由を、米国民のもっとも重要な権利だとみなすNRA（全米ライフル協会）は共和党を支持する最大のロビー団体で、トランプ政権にも多額の資金が流れている。トランプ大統領は「米国民を暴力から守る法と秩序」を選挙のスローガンに掲げている一方、民主党のバイデン候補はオバマ時代から銃規制を進めることを政策としており、この世情不安の中での銃器の売上増という現実は、大統領選挙の行方を占うものかもしれない。

選挙広告はデジタル動画にシフト

新型コロナウイルスでの〈ステイ・アット・ホーム〉が長引いたこともあり、米大統領選挙の広告はテレビCMよりも安く、属性のはっきりした有権者をターゲットにできるデジタル動画広告にシフトしていた。

『ウォールストリートジャーナル』（九月三日）によれば、民主党のバイデン候補陣営はディズニー傘下のフールーと、CBS系のプルートTVに最新の選挙広告を出した。狙いはアリゾナ州とウィスコンシン州を含むスウィングステーツの有権者だ。バイデン陣営のメディア担当者は「いま現在有権者がいる場所に、あらゆるデバイスを通して、デジタル配信動画を使ってメッセージを届けることが主な目的だ」と語っている。

共和党のトランプ陣営も、しかるべきメッセージをしかるべき有権者に、しかるべきタイミングで届けるにはデジタルプラットフォームが最適だとしている。

二〇二〇年は地上波ローカルテレビ、ケーブルローカルテレビ、デジタル動画広告だけでも、合わせて約六十五億ドル（約六千八百九十億円）が選挙広告に投下されると見られているが、デジタル動画広告は前回二〇一六年から六倍に増え、十八億ドル（約千九百八億円）にのぼるとみられていて、デジタル動画の選挙広告は、ケーブルローカルテレビでの選挙広告費を抜いた。

一方、地上波ローカルテレビ広告はいまだに選挙広告の主流で、二〇一六年には十七億三千万ドルだったが、二〇二〇年はほぼ倍の三十五億七千万ドルと予想されている。

しかし、年齢や世帯収入、教育レベル、子どもの数等と言った、詳細な属性を分析して有権者の特定層を狙うターゲット広告として、今後デジタル広告が大きく伸びていくことが予想される。デジタルの有権者属性データは常に更新されながら、選挙運動に利用できる点も有利だ。懸念されるのは、ユーザーの病歴や性的嗜好の情報が広告主であるそれぞれの陣営に流れるのではないか、というプライバシー管理と、激しい誹謗中傷合戦となって、虚偽の情報があふれることだ。フェイスブックのように、投票日の一週間前から政治広告を流さない、と決める企業も出てきている。

6 赤い蜃気楼——八月－九月

「悪夢のような事態に備えよ」

民主党の大統領候補指名をバイデンと最後まで争ったバーニー・サンダース上院議員が、議会やメディアに対して、選挙に負けた後もトランプ大統領がホワイトハウスに居座り、去ろうとしない、「悪夢のような事態」に備えよ、と強く訴えた。

サンダースは政治専門サイト『ポリティコ』（九月四日）のインタビューで、「あと二カ月間、われわれができることは、負けたトランプが権力の座を去ろうとしないという〈悪夢のシナリオ〉に対して、どう備え、何をすべきか警鐘をならすことだ」と語った。

十一月三日、投開票日の夜、激戦州の、郵便投票を除いた当日票で大きくリードしている時点で、トランプ大統領が一方的に勝利宣言する可能性を、バイデン陣営は〈レッド・ミラージュ〉（赤い蜃気楼）と呼び警戒している。

その後、郵便票が続々と集計され、バイデン候補が逆転して優勢となろうが、トランプ陣営は選挙当日から郵便票集計までの時間差を利用して混乱を作り出し、「郵便投票は巨大な不正だ」と言いつのり、その呼びかけに応じて、武装した白人至上主義者たちが街頭に繰り出し混乱を煽る、というシナリオだ。

トランプ陣営はこの〈レッド・ミラージュ〉を「バイデン側の陰謀論」と一蹴しているが、これまでトランプ大統領は、選挙で負けた場合に負けを認めるかという各メディアの質問に「認める」と答えたことは一度もない。

こうした事態を警戒するのはサンダース上院議員だけではない。激戦州の一つペンシルベニア州では、超党派のグループが選挙後に起こりうる複数のシナリオを検討し、「トランプは法的および法を超えた手段によって、負けた場合でも権力を維持するために、選挙結果について争い続けるだろう」と結論づけた。

大統領の座を争うバイデン候補は、トランプ大統領がホワイトハウスから去らない場合には、「軍がトランプ氏をエスコートする」と答えているが、マーク・ミリー統合参謀本部議長は「選挙が混乱しても、軍は解決に首を突っ込まない」と、明確に介入を否定した。

サンダースは、〈レッド・ミラージュ〉が現実になった場合、「米国の歴史に前例のないことであり、この国が築いてきたものすべてが危機にさらされることになる」と深い憂慮を示した。

トランプ陣営の主戦場はユーチューブ

二〇一六年の大統領選挙ではフェイスブックを使いに使ってヒラリー・クリントンを圧倒したトランプ

陣営が、宣伝活動の主戦場として選んだ媒体はユーチューブだった。

テレビの選挙CMは六十秒の宣伝を流すだけだが、トランプ陣営のユーチューブ動画は、長いもので三十分以上にわたり、自陣に有利なフォックスニュースからのニュース映像やキャンペーン動画をふんだんに取り入れ、オリジナルのショーもさしはさんだりしていて、ユーチューブの特徴を存分に活かすユニークなものだ。トランプ大統領やペンス副大統領のコメントを次々につないでいるので、発言のチェックもしやすい。映像のセンスも民主党のバイデン陣営より数段上だ。

八月後半の共和党全国大会以降、トランプ陣営はほとんどのテレビ広告から手を引いている。対抗するバイデン陣営は八月には約八千万ドル（約八十八億円）をウィスコンシン、フロリダ、ペンシルベニア、ミシガンなどの激戦州のテレビCMにつぎ込み、八月最終週だけでも千八百三十万ドル（約二十億円）をテレビ広告に充てているが、トランプ陣営はアイオワ、モンタナと、前回の選挙で接戦を制した二州にわずか百六十万ドル（約一億七千六百万円）を使っているだけだ。しかもほとんどがフォックスニュースとCNNだ。

トランプ陣営は九月七日のレイバーデーから選挙当日の十一月三日まで二億ドル（約二百二十億円）をテレビ広告費として予算化しているが、広告媒体の根本的な見直しも進めているようだ。そしてその主戦場がユーチューブとなっている。

RNC（共和党全国委員会）とトランプ陣営の共同ファンドは、グーグルが保有するユーチューブに、すでに六千五百万ドル（約七十一億円）を投じている。これに対してバイデン候補とDNC（民主党全国委員会）は、これまでの総額で三千三百万ドル（約三十六億円）とトランプ陣営の半分だ。八月だけでもトランプ陣営は九百本の動画をユーチューブにアップしたが、バイデン陣営は百本にとどまっている。

専門家によれば、ユーチューブのアルゴリズムは、定期的にアップデートされた最新のコンテンツがユーザーに届くようになっており、共和党のデジタル戦略担当は「トランプ陣営のデジタルキャンペーンは、アルゴリズムの使い方に関しては大学院クラスだ」と評している。

ユーチューブは米国でもっとも人気のあるオンライン・プラットフォームで、十八歳から二十四歳の米国人の九割が利用している。インスタグラムやフェイスブックよりも高い利用率だ。

トランプ陣営によれば、二〇一六年には、フェイスブックの強力なターゲッティング能力と投稿コンテンツへのチェックの緩さがユーチューブよりも使い易かったが、今回はバイデン陣営もフェイスブックを使っており、利点が減ったため、ユーチューブを主戦場に切り替えたとしている。資金集めキャンペーンなどではいまでもフェイスブックを主に使っていて、メディアの特徴を細部まで分析し、その特徴を最大限に活かしてキャンペーンにつなげているようだ。実際、二〇一六年の選挙ではトランプ陣営は一千万ドル（約十一億円）しかユーチューブに落としていない。

トランプ陣営の選挙キャンペーン動画はこの四カ月の間にユーチューブで五億九百万ビューを獲得している。バイデン陣営はただ、党大会での演説をそのままアップしているだけだが、トランプ陣営は大統領の演説を二十八のクリップに小分けしてアップするなど、見やすく、アクセスしやすくしている。

視聴契約者の数も四月には三十二万件だったものが、八月末には百万件に及んでいる。一方バイデン側は三万二千件から十七万三千件に伸びただけだ。

もちろん、ユーチューブだけが選挙戦略の要ではないが、二〇一六年の選挙時には、実は多くのメディアが選挙が終わるまで、トランプ陣営の巧妙で戦略的なフェイスブックの使い方の意味をとらえ損ねていた。若年層への影響力を考えると、トランプ陣営のユーチューブ戦略が効果的なのは間違いない。

「郵便投票は不正の温床だ」

新型コロナウイルスの勢いが一向に衰えない米国では、郵便投票が勝敗のカギを握りそうだ。八月現在、問題となっているのは、郵便票が集計期日までに届かなかったり、そもそも郵送時に不正が行われることはないのか、という懸念だ。

有権者が投票所に足を運んで投票することを義務としているのは六州だけで、残りの州はなんらかのかたちで郵便による不在者投票や郵便投票が可能で、全有権者の八三パーセントにあたる一億九千五百万人が郵便投票を行うことができる。

トランプ大統領はさかんに、「郵便投票は不正の温床だ」と述べているが、二〇一六年と二〇一八年の中間選挙では、あわせて千四百六十万票の郵便投票のうち、明らかに不正と思われるのはわずか三百七十二票だけだったという(『ワシントンポスト』八月二十日)。

投票方法は各州が決めるので、郵便投票のやり方にも大きな違いがある。

問題は、無効票となった郵便票の数で、二〇一六年の選挙では三十一万八千七百二十八票が無効となったが、二〇二〇年の予備選では二十三の州で五十三万四千票が集計期限までに配達が間に合わないか、投票者のサインがなかったりして無効票となった(『ワシントンポスト』八月二十三日)。

二〇一六年の選挙では、トランプ候補がミシガン、ペンシルベニア、ウィスコンシンの三州で、クリントン候補にわずか八万票上回って選挙人を獲得したが、この三州での予備選での無効郵便票は六万四百八十票だった。この数字が選挙の結果を左右しかねない深刻なものであることがわかるだろう。

投票者は郵便投票用紙にサインと日付を書きこまなければならないが、そのサインは、有権者登録時のものと同じであることが求められ、異なったサインだと判明した場合は、選挙事務所が投票者に連絡、確認し、正しいサインを改めて求めるという煩雑な作業が必要となる。また州によっては郵便票の返信封筒が破れていただけでも無効とされるなど、判断基準も大きく異なる。

今回は、前回の投票者の四分の一が郵便投票に切り替えると見られているが、ことに新型コロナウイルスの感染をより深刻に受け止めている民主党支持者の多くが郵便投票を採用すると思われるため、民主党の選挙対策チームは郵便票が無効とされる条件をなるべく少なくするよう申し出ている。しかしその基準は州ごとに決められるため、共和党が優勢の州では、郵便投票の基準も黒人やラテン系住民に不利になると言われている。

郵便投票の正しいやり方を宣伝するNPO団体などもあらわれているが、新型ウイルスの影響で二十州が郵便投票の枠を拡大したため、多くの有権者が初めて郵便で投票することになると見られていて、投票そのものが的確に行われるのか、集配や開票がスムーズに行われるのか、無効票の基準の設定が公正に行われるのかなど、選挙まで二カ月を切ったこの時点でも、数々の不安を残している。

ニューヨークがまた危険な街に――発砲事件千件を超える

ニューヨークの一月一日から八月二十九日までの発砲事件が千件を超えた。これは前年同時期の五百三十三件から八八パーセント増加している。そして発砲による死傷者は千二百三十人を数えた。これも去年の六百二十七人から、ほぼ倍となった。

同じ期間の殺人事件は二百九十件で、去年の二百十七件から三三パーセント増加した。ニューヨーク市警察はこの夏あらたに千人を雇用する予定だったのだが、予算がカットされたために実現できなかった。

デブラシオ市長は、今年五月、ニューヨーク市の警察官が、デモ隊に過度な暴力を使ったことから、十億ドル（約千百億円）の予算カットを提案したが、こうした措置が犯罪の増加に結びついているようだ。

二〇一九年の一月一日から八月二日までの逮捕者が十三万四千六百六十一人だったのに対して、今年は八万二千七百三十七人と去年から三九パーセント減少していることにも、その影響は表れていると言える。

ニューヨークでは九月四日から七日までレイバーデーの連休だった。米国ではレイバーデーまでが夏で、翌日には夏休みが終わって学校の新学年が始まるのだが、この四日間の発砲事件だけでも二十二件と、去年の十六件から六件も増えている。銃の押収は百六十件で、去年の七十二件を大きく上回っている。

例年なら世界中の観光客であふれかえるタイムズ・スクエアは閑散としたままだし、店内での飲食が禁止となっているため、夕方になると人の流れも少ない。地下鉄へ降りる階段も、目立つのはホームレスの姿だ。

今年の特徴は、ブルックリンやブロンクスなど、例年でも比較的発砲事件の多い地区だけでなく、マンハッタンのミッドタウンや、治安がいいとされるアッパーウェストでも起きている点だ。

ニューヨークは確実にまた危険な街になってきている。

消えた八億ドル！――トランプ陣営選挙資金枯渇か？

八月の選挙献金は民主党バイデン候補が三億六千五百万ドル（約三百八十八億円）を集め、トランプ陣営の二億一千万ドル（約二百二十億円）を一億五千四百万ドル（約百六十一億円）上回った。

トランプ陣営の選挙資金が枯渇する危機にあるのではないか、と言われている。

現職大統領は就任式の翌日から次の選挙に向けて資金集めを始められるため、選挙資金については圧倒的に有利だと言われている。トランプ陣営とＲＮＣ（共和党全国委員会）は三月には十一億ドル（約千百五十五億円）を集めたと豪語していたのだが、七月にはそのうちの八億ドル（約八百四十億円）がすでに使われていることが明らかになった。選挙当日まで六十日を切る中、トランプ陣営と共和党は必死の資金集めに走っている。

七月に解任された選挙運動責任者のパースケイルはトランプの集金力を称えてきたが、どうやらそのパースケイル自身の浪費も響いているようで、パースケイルの後任、ビル・ステピエンは就任早々、選挙宣伝費や運動員の数、出張費などの大幅な締め付けを行った。

パースケイルのもとでは八億ドル（約八百四十億円）のほぼ半分の三億五千万ドル（約三百六十七億円）が選挙資金集めキャンペーンに使われたのだが、それに見合うだけの資金は集まらなかった。テレビＣＭには一億ドル（約百五億円）が充てられたが、まだ対抗馬も決まっていなかった二月のアメリカンフットボールの頂上決戦であるスーパーボウルに千百万ドル（約十一億五千万円）が使われた。この頃、トランプ大統領は、民主党から出馬表明していた億万長者ブルームバーグに対抗心を燃やしていたため、虚栄心で広告を出したのではないかと言われている。集票よりも目立ちたいがための広告費用が多い。

さらにパースケイル自身も、運転手付きのクルマを使い、ヨットや別荘も購入したという。

もちろん、全国に百カ所以上の事務所を置き、二千人以上のスタッフを抱える運営費も大きいし、トランプ陣営とRNCは二〇一九年以降、ダイレクトメールだけでも一億四千五百万ドル（約百五十二億円）、有権者デジタルリストの取得に四千二百万ドル（約四十四億円）を費やすなど、再選に向けた大規模な選挙運動への巨額の支出は避けて通れないことは確かだ。

しかし、パースケイル以外にもトランプ陣営の浪費ぶりには目に余るものがあったようで、パースケイルが自慢していた再選運動の砦〈デス・スター〉そのものが自爆してしまったと揶揄する声もある。

選挙まで二カ月を切る中で、「弾丸切れ」状態にあるといわれるトランプ陣営が、どのような形で軍資金を調達し、選挙活動を立て直すのかは、選挙戦の終盤だけに、大きな注目を浴びている。

「死せる魂」——死人名義の投票

十九世紀ロシアの作家ニコライ・ゴーゴリは、地主の間を回って、死んだ農奴の戸籍を買い集めるチチコフという詐欺師を主人公にして『死せる魂』という小説を書いた。地主たちは次の国勢調査まで、死んだ農奴の分まで税金を支払い続けなければならないことが重荷となっていたので、喜んで戸籍を売り渡したが、チチコフは死んだ農奴の戸籍を集め、多くの農奴を所有する大地主になりすまして銀行から多額のカネを騙し取ろうという魂胆だった。小説の中で描かれる腐敗した地主階級の実態が、ロシア当局から「危険思想」だとされて、ゴーゴリの小説は出版禁止となった。

二十一世紀の米国で、郵便投票をめぐって、「死せる魂」の行方が話題になっている。

二〇一三年にはニューヨーク州のナッソー郡で、選挙登録に六千人もの死者が含まれ、そのうち二百七十票が行使されたという。

あるフェイスブックの投稿者によれば、バージニア州では、郵便投票用の投票用紙五十万通が、ネバダ州では二十万票が、すでに死んでいる人やペットの名前に送られていたという。この数字はあまりにも大きくてにわかには信じがたいが、実際ネバダ州の郵便局員は死んだ自分の母あての郵便投票用紙が送られてきたことを確認している。

「郵便投票は不正の温床だ」と唱えているトランプ大統領も八月十七日のフォックスニュースとのインタビューで、「何千万票という郵便投票用紙が、二十五年も前に死んだ人やペットの名前で送られているんだ。こんな郵便投票が公正なわけがない！」と憤って語った。

二〇一八年の中間選挙では全米で一億五千三百万人が選挙登録したが、二年後の現在では、推計ではそのうちの約二百四十万人はすでに死亡している可能性がある。

選挙管理事務所に家族あるいは知人からの届け出がなければ、この二百万人以上の死者にも、今回の大統領選挙の郵便投票用紙は送られていくはずだ。しかし、死人は投票をしない（だろう）から、もし死者にかわって投票する者がいるとしたら、その意図が問題になる。

その一方で、マサチューセッツ工科大学の調査によれば、過去二十年の二億五千万票のうち、犯罪的ななりすまし投票は、法的な立場からは百四十三件に過ぎず、選挙結果に影響を与えるものではない、というデータもある。

けれども、もしチチコフのような第三者が、明白な意図をもってある重要な地域の死者の投票用紙を集めて回り、党派的に郵便投票するとすれば……。

前回二〇一六年の選挙では、トランプ候補とヒラリー・クリントン候補がスウィングステーツのわずか八万票の差で明暗を分けたことを思い返せば、けっして見過ごしておいていい問題とも思えない。

そのまた一方では、民主党に有利とされる郵便投票制度そのものを中傷するために、「死者の投票」がことさら声高に叫ばれている可能性もあり、その実態は霧の中だ。

「負けたら戒厳令を敷け！」

トランプ大統領の元側近に、ロジャー・ストーンという人物がいる。長年、共和党のストラテジストをつとめ、二〇一六年の選挙ではトランプ陣営の選挙アドバイザーとして当選に貢献したが、ロシア疑惑で議会で虚偽証言をしたとして禁固三年四カ月の実刑を下されたにもかかわらず、二〇二〇年七月にトランプ大統領によって刑が免除された人物だ。

ストーンは背中に「リチャード・ニクソン」と刺青を入れるほど偏執的な超保守派だ。このストーンが、九月十日、オルトライトの陰謀論者アレックス・ジョーンズのオンライン番組に出演し、もし十一月の選挙に負けたら、選挙の敗北を認めず、米全土に戒厳令を敷き、ビル・クリントン、ヒラリー・クリントン夫妻や、フェイスブックのザッカーバーグCEOらを逮捕して全権を掌握するよう大統領にアドバイスしたことを明らかにした。

またストーンは、ネバダ州で期日前投票に大規模な不正が行われているとして、選挙当日、ネバダ州に連邦執行官を送り、投票箱を没収するよう進言した。

ストーンにはもはや政権中枢への影響力はないし、もともと大言壮語して世間の耳目を集めることしか頭にないような人物だ。しかし、出演したオンライン番組を主宰するアレックス・ジョーンズは、月間アクティブ・ユーザーが一千万件を超える〈インフォウォーズ〉という、フェイクニュースと陰謀論を流布させるウェブサイトを運営し、過激なトランプ支持派の間で絶大な影響力をもつ。

トランプ大統領は、民主党バイデン候補の背後には過激な〈アンティーファ〉がいて、暴力行為を煽っていると盛んに社会不安を訴えているのだが、そうした発言は、今回のストーンやジョーンズのようなトランプ支持派の陰謀論者から発せられることの方が圧倒的に多く、さまざまな機会とチャンネルを使って世情不安を煽るのがトランプ陣営の戦略だ。

ちなみに米国大統領は一八〇七年制定の〈反逆法〉を行使して連邦軍を国内危機の鎮圧にあたらせる権限を持っている。

『ワシントンポスト』も、六月十九日にはこの〈反逆法〉を取り上げていて、もしもの場合、大統領は軍を使って何ができ、何ができないか、を詳細に書いていた。

一九九三年、ソビエト崩壊後の世情不安が続くロシアの首都モスクワで勤務していた時、当時のロシアのメディアが、憲法上の規定で軍を使ってエリツィン大統領のできることを盛んに議論していたことを思い出した。

「メディアは同じ間違いを繰り返している」

「メディアは同じ間違いを繰り返している」――雑誌『アトランティック』（九月十五日）の「メディアは二〇一六年から何も学ばなかった」という記事は大統領選終盤のメディアの現状をそう指摘した。

二〇一六年の大統領選挙では、当初トランプ候補は「異色のアウトロー」としてもっぱら興味本位で取り上げられた。そして七月の共和党全国大会で正式に大統領候補に指名された後も、テレビメディアは「視聴率が取れる」「発言にインパクトがある」という理由で、トランプ候補を前面に押し出した。二〇一五年から一六年にかけてのトランプ候補の露出度を同じ時間のテレビCM単価で割ると、その広告効果は二十億ドル相当（約二千百億円）と言われている。

そしてその結果、二〇一六年九月中旬には、「ここ数日でトランプとヒラリー・クリントンのどちらの情報を目にし、耳にしたか？」というギャラップ社の調査で、トランプ候補がクリントン候補を逆転し上位に立った。そうしたメディアの姿勢が「トランプ現象」を全米で盛り上げる原因の一つになったことは間違いない。

今回もまた、同じようなことが繰り返されている。ことに九月九日にトランプ大統領が新型コロナウイルスの脅威を認識しながら、わざとその危険度を「軽くみせた」とする音声テープが公開されて以降、メディアは連日、トランプ大統領の「危険な作為」と「国民への裏切り」を非難するニュースで溢れかえっている。しかし、これこそが「トランプ時代の罠」なのだと記事は指摘する。

トランプ陣営は目先を変えて、スキャンダルを次から次に作り出し、つねに「ニュースの真ん中」にいることをもっとも重視していて、それが「フェイクニュース」であろうが、コロコロ変わるコメントであろうが、陰謀論にもとづいた誹謗中傷であろうが、過剰なスキャンダルで露出度を高めることが、前回の選挙戦から学びとった戦略なのだ。

これに対して、多くの伝統的メディアはその日その日であらたに浮かび上がる「疑惑」を批判することに熱中し、いまだに、トランプ大統領が歯牙にもかけない「ファクト」を重視し、「公平原則」にとらわれている。

優れたメディア分析コラムニスト、『ワシントンポスト』のマーガレット・サリヴァンも「ファクトチェックはメディアにとってきわめて大事だが、トランプという大統領の下ではほとんど意味をもたなくなっている」とそのジレンマを正直に表明している。

米国ではレーガン大統領時代の一九八六年にFCCフェアネスドクトリン（連邦通信委員会公平性原則）が廃止され、政党や候補者をニュースの中で公平に扱う必要がなくなった。これによってフォックスニュースのような巨大な影響力を持つプロパガンダメディアが生まれる土壌ができた。

しかし、三大ネットやMSNBC、CNNのようなケーブルニュース局はいまでも、ニュースの「ファクト」と「客観性」にこだわりを持ち続けている。メディアとしては当然の姿勢であると言えるのだが、「ウソ」を平然と「オールタナティブ・ファクト」（もうひとつ別の事実）と呼んではばからないトランプ政権に向き合う時、どんなに批判しようが、取り上げた時点で、トランプ側の術中にはまってしまうのだ。ましてや現職の大統領の言動は往々にしてニュースとして取り上げざるを得ない。

「事実」は「組織化された虚偽」より強い――と信じたいところではあるのだが、一九三〇年代のナチスドイツや、太平洋戦争時の大日本帝国大本営発表から、二〇二〇年のわれわれがそれほど進んだとも思えない。陰謀論と「もうひとつ別の事実」が覆いつくす世界で、メディアは何のためにニュースを伝え続けるのか、という問いは、二〇一六年の大統領選挙の時より、深い混迷にはまり込んでいるように思える。

第二の内戦はありうるか？

日本では世界史の授業で、米国の「南北戦争」について習う。そして「リンカーン大統領が奴隷解放令を出して、北軍が勝利した。しかし恨みを買ったリンカーンは暗殺された」で授業は終わってしまう。

しかし米国史上、「南北戦争」という名の出来事はない。それは〈ザ・シヴィル・ウォー〉であって、〈シヴィル・ウォー〉とは、同じ国民同士が国を割って敵と味方に別れて戦う「内戦」のことだ。ロシア革命後のボリシェヴィキと白衛軍の血で血を洗う戦いも、一九三〇年代スペインのファシスト・フランコと市民軍との戦いも、市民同士が戦った「内戦」だ。時には親子や兄弟が、お互いに殺しあうこともあった。

米国内では、新たな〈シヴィル・ウォー〉についての不穏な可能性を語るメディアが増えてきている。ニュースウェブサイト『サロン』は「United に失敗した国――第二の〈シヴィル・ウォー〉は起きるか？」という記事を掲載した。

米国は「トランプ支持」と「反トランプ」に激しく分断されている。その分断は元をたどれば、南北戦争以前からの北部と南部の分断、白人とマイノリティの分断、リベラルと保守の分断、宗教と文化の受容の分断等々、多様な価値観が融和し理解しあうことなく、恐怖心と敵意がそのまま放置されてきた結果だ。

読　者　カ　ー　ド

お求めの本のタイトル

お求めの動機

1. 新聞・雑誌等の広告をみて（掲載紙誌名　　　　　　　　）
2. 書評を読んで（掲載紙誌名　　　　　　　　）
3. 書店で実物をみて　　4. 人にすすめられて
5. ダイレクトメールを読んで　　6. その他（　　　　）

本書についてのご感想（内容、造本等）、編集部へのご意見、ご希望等

注文書（ご注文いただく場合のみ、書名と冊数をご記入下さい）

[書名]	[冊数]
	冊
	冊
	冊
	冊

e-mailで直接ご注文いただく場合は《eigyo-bu@suiseisha.net》へ、ブッククラブについてのお問い合わせは《comet-bc@suiseisha.net》へご連絡下さい。

料金受取人払郵便

綱島郵便局
承　　認
2035

差出有効期間
2022年12月
31日まで
（切手不要）

郵便はがき

223-8790

神奈川県横浜市港北区新吉田東
1-77-17

水声社　行

御氏名（ふりがな）	性別 男・女	年齢 才
御住所（郵便番号）		
御職業	御専攻	
御購読の新聞・雑誌等		
御買上書店名	書店	県 市 区　町

トランプ大統領は、民主党支持の州「ブルー・ステート」に対しては、連邦予算を削り、ニューヨークなどの州を「アナーキストの巣窟」とおとしめている。しかし、とウェブサイト『サロン』は言う。「トランプは『ブルー・ステート』の米国人に対して冷淡であるだけでなく、悪意をむき出しにして暴力的になっている。新型コロナの初期段階でも（民主党支持の）東西両海岸の諸州への援助をサボタージュし、自然災害が襲ってもカリフォルニアやプエルトリコを無視した。トランプは民主党知事が率いる州には武装市民グループを鼓舞して脅しに使い、ポートランドなど、体制に反対する地域のデモ参加者に対しては連邦警察をけしかけた。……そしてトランプは米国市民に対して連邦軍を使う〈反逆法〉の使用についても示唆した」。

この記事は歴史学者リチャード・クレートナーへのインタビューで、クレートナーは米国の歴史を紐解くなかでトランプ下の分断を分析し、〈シヴィル・ウォー〉への懸念を示唆している。

「この大統領選挙は米国史上もっとも重要な選挙だ。米国には何百万丁という銃があり、右翼はその使用について議論を重ねている。第一次内戦（南北戦争）の問題は多くの面で未解決のままだ。この国の歴史にはずっと引き延ばされてきた多くの問題がある。こういった諸問題が平和的に解決されることは稀だ。しかも海外の敵国が選挙に干渉している。内戦への要素は現在の米国で現実のものとなっているのだ」。

「この選挙はアメリカを壊すだろう」

九月二十三日、記者会見で「選挙で負けたら負けを認めるのか？」と聞かれたトランプ大統領は「何が起こるか見てみよう。わたしは前から郵便投票に文句を言っているが、郵便投票はひどい。郵便票は除外すべきだ。そうすれば、政権移行ではなく、たいへん平和的な政権継続となるだろう」と答え、政権移行そのものの可能性を否定した。

この発言に合わせたように雑誌『アトランティック』は「この選挙はアメリカを壊すだろう」という記事を掲載した。十一月三日の投票日から二〇二一年一月二十日の大統領就任式に至る七十九日の移行期間に起こりうること、およびトランプ陣営がとりうる法的な手段を予想し、検証した記事だ。

執筆者のバートン・ジェルマンは、最悪のケースは、トランプ大統領が選挙結果を受け入れないことではなく、選挙の結果が出ることそのものを、権力を使って阻止することだという。

米国では、一八九六年の選挙で民主党のウィリアム・ブライアン候補が、第二十五代大統領となる共和党のウィリアム・マッキンリー候補に負けを認める電報を送って以来、候補者が「負けを認める発言をすること」が、政権移行の暗黙のルールになっている。フロリダ州の集計をめぐってもつれにもつれた二〇〇〇年の選挙でも、アル・ゴア候補（民主党）が十二月十二日に連邦最高裁の裁定を受け入れ、ようやく再集計をあきらめてブッシュ候補（共和党）に敗北の電話をかけ、決着した。

トランプ陣営は、選挙当日と移行期間のシナリオを詳細に検討している。記事が考察するそのいくつかのシナリオはこうだ。

・未開票の郵便票が多く残ったまま、開票日の夜の集計だけでトランプ陣営は早々に勝利宣言する（〈レッド・ミラージュ〉）。トランプ陣営はそのまま、郵便投票と集計に不正があったと宣言し、それ以降の郵便票の集計を差し止める。そしてこの日から法廷闘争が始まる。

・あるいは、選挙当日、武装したトランプ支持者たちが「不正が起きている」というネット情報に乗じて投票所に集まり、反トランプのデモとの間で暴力沙汰となり、有権者を投票所そのものに近づけなくする。大統領は非常事態を宣言し、武装した連邦職員が道路を閉鎖し、未開票の投票箱を証拠品として押収する。そして、特定の地域を閉鎖する。

・投票用紙の集計の最終日は十二月七日で、十二月八日には各州合わせて五百三十八人の投票人を確定しなければならない。各州の一般投票で多数票を獲得した候補が選挙人を獲得するのが慣例だが、米国憲法修正第二条では、最終的に投票結果が決まらない場合には議会が選挙人を決める権利を持つ。

・それでも混沌とし、両方の候補者が「当選者」と名乗り続ける場合は、上院議長（ペンス副大統領）が重要な役割を持つ。米国憲法修正第十二条は「上院議長が認証を開封し、票を数える」と書いているのだが、どの「票」を数えるのか、が書かれていない。共和党は、すべては上院議長たる副大統領の判断にまかされている、と解釈している。

さてそれでもまだ……と、この記事はさらにさまざまな可能性を記述しているのだが、最高裁判所と上下院の役割、連邦軍の規定など、米国憲法のすべてが試され、慣例となっている法文の空白部分を、誰がどのような根拠で埋めていくのかを問う、まさに米国の二百四十四年の歴史が問われる大統領選挙になる。だからこそ、死亡したギンズバーグ最高裁判事の後任を、誰が、いつ選ぶのかが政治闘争の場となり、きわめて重要なのだ。

7 暴力へのいざない――十月

「フォックスの当打ちがアメリカの民主主義の運命を決する」

マンハッタンを縦に走る通り、アヴェニューには番号がついている。六番街のミッドタウンはビジネスの中心だ。フォックスニュース本社は、その四十七ストリートと四十八ストリートの間にある。六番街を隔てて斜め向かいには、老舗のテレビ局NBCの放送スタジオがある。このあたりは米国の戦後文化を支えたラジオ、テレビの中心地だ。

そしてフォックスニュースの三階に、「データオタクの巣窟」と呼ばれる、大統領選挙開票データセンターがある。これまで開票日に、あらゆるデータから投票結果を予測して「当選」を打ってきた開票速報の心臓部だ。

フォックスの報道番組は朝から晩までトランプ擁護の論調で貫かれているが、意外なことに、世論調査、出口調査は信頼度が高い。二〇一八年の中間選挙では、他のネットワークより一時間も早く「民主党、下院議席過半数を奪回」の速報を打っているし、二〇一二年にもオバマ再選をいち早く伝えたため、共和党のストラテジストでフォックスのコメンテーター、カール・ローヴはその速報を誤報だとし、ニュースキャスター、メーガン・ケリーが情報を確認するため、本番中に席を立ってカメラマンを連れてデータセンターまで走ったこともあった。

その時、揺れるカメラの前でポケットに手を突っ込み、「九九・九五パーセント」と静かに言い、「カールがもし結果を気に食わないのなら、まもなく出るフロリダの結果を見てみろ」とキャスターに伝えた男、アーノン・ミーシュキンが、その六番街の「データオタクの巣窟」を取り仕切っている。ミーシュキンは一九九八年の中間選挙からフォックスで「当打ち」を担当してきた六十五歳のベテランで、イェール大学とハーバード大学のビジネススクールを出ている世論調査の専門家だ。「当打ち」に関しては、フォックスの上層部から指示を受けたことは一度もない、と断言する。

ミーシュキンは開票日前の夜には、必ず自宅でチェロを取り出して、バッハの無伴奏チェロ組曲第一番と第二番を一人で演奏する。

さて、十一月三日の夜、トランプ陣営が、開票前の郵便票をよそに、早々に「勝利宣言」をする〈レッド・ミラージュ〉（赤い蜃気楼）が起きた時、そしてトランプ陣営からフォックスの実力者ルパート・マードックCEOや、トランプ寄りのニュースキャスター、ショーン・ハニティやローラ・イングラムなどに「フォックスも当打ちせよ」と圧力がかかった場合、フォックスニュースはどう対応するのか。「フォックスが国営メディアに成り下がって民主主義をサボタージュするのか、すべての票が集計されてから当打ちする思慮深いメディアであることを示すのか。フォックスの選択は懸念材料だ」という疑念を抱くのは、リベラル派の評論家にとどまらない。あるニュースウェブは「フォックスの当打ちが米国の民主主義の運命を決する」というタイトルで特集を組んでいるほどだ。

しかし、イェール大学以来のミーシュキンの友人は言う。「フォックスの経営者が誰だろうが、トランプが何を望もうが、ミーシュキンの関心は、誰が勝つかという一点だ」。

前回の大統領選挙では千二百万人がフォックスの特番を視聴した。今回の選挙ではその数をはるかに超える人びとの目が、ミーシュキンの「当打ち」に注がれている。

「怪物」を作った男――CNN社長ジェフ・ズッカー

ドナルド・トランプというニューヨークの不動産ディベロッパーが全米で知名度を得たのは、二〇〇四年一月にNBCテレビで始まったリアリティショー『アプレンティス』に出演してからだ。番組参加者がさまざまな苦労を重ねながら「見習い」として働き、最後に採用か不採用かが決まる場面で、トランプが不採用者に浴びせる「ユー・アー・ファイヤード（お前はクビだ！）」という非情な決め台詞は流行語にもなった。

『ニューヨークタイムズ』の調査報道で、不動産ディベロッパーとしてのトランプ大統領は、実は赤字続きの落第経営者であることが明らかになったが、「億万長者の成功者」というイメージを作り出したのはこの番組だった。

番組出演の直前にトランプが提出した納税還付報告では、二〇〇三年は八千九百九十万ドル（約九十四億円）の赤字だった。ところが『アプレンティス』の成功とともに、トランプは会社経営ではなく、番組が作り出した〈トランプ〉という自己イメージを売り出すことに才能を発揮することになる。「俺は自分の脳みそとネゴシエーションのスキルを全開で使ったんだ。俺の会社は今までで一番デカく、強い」とトランプ社長は当時、インタビューに答えていたが、それもイメージ戦略上の発言に過ぎなかった。

トランプは『アプレンティス』によって出演料、ライセンス契約料を含めて十六年間で一億九千七百万ドル（約二百六億円）を稼ぎ出し、番組出演で名を売った事業関連では二億三千万ドル（約二百四十一億円）の収入を得ていると言う。

「成功した億万長者」のイメージを決定づけたのは、番組のオープニングでリムジンや自家用ヘリで飛び回るトランプの姿だ。

このオープニングは、いまでもトランプ集会の基本的コンセプトとなっていて、空港で行われるトランプ集会では、ステージ後方に駐機する大統領専用機エアフォースワンをバックに演説が行われている。「リアリティショーの億万長者」が目の前にあらわれる仕掛けとなっているのだ。

この『アプレンティス』にトランプを出演させ、一躍全米の有名人に仕立て上げた人物こそ、現在はCNNの社長であり、ワーナーメディアでニュース、スポーツ部門を統括するジェフ・ズッカーだ。

当時NBCエンターテインメントの社長だったズッカーは、トランプの起用が当たったことに気をよくして、トランプを出演させるもう一つ別のウィークリーショーを企画していたほどだ。二〇一三年にズッカーはCNNワールドワイドの社長に就任する。

二〇一五年にトランプが大統領選に出馬を表明した当初、ズッカーは「見世物にすぎない」と言っていたが、政界のアウトロー、トランプ候補が『アプレンティス』のスタイルで有権者に訴えて人気を獲得し、次々と共和党の有力候補を破って躍進するのを見て、ズッカーはトランプに焦点を絞ることに決めた。

予備選挙の始まった二〇一六年三月一日の午後、CNNはトランプ候補の登場を待つ無人のステージにカメラを向けたまま、「トランプ演説、もうまもなく」とテロップを貼り付け、三十分も無人のステージ映像をひっぱった。この時、トランプの対立候補だったマルコ・ルビオの陣営は「CNNはリアリティショーをやってるんだ。ズッカーはそれが得意だからね」と皮肉っている。

しかし、ズッカーが「見世物」だと言っていたトランプ候補は、ニュースでも視聴率を稼いだ。CNNを含めたテレビ各局は共和党の他候補をよそに、視聴者受けするトランプの発言を伝えることに集中し、多くの時間を割いてトランプ集会を伝えた。二〇一五年後半からの共和党候補選びのテレビ画面は、トランプ一色だったと言って良い。

ズッカーをよく知るNBC時代の副社長は、「彼にとっては視聴率がすべてだ。わたしだって視聴率がすべてだ。だがしかし、プライムタイムで視聴率がすべてであることと、ニュースで視聴率がすべてであることは別の話だ」と語り、また別の元同僚も「ジェフは自分が会った中ではもっとも決然とした、そして自信家のメディア・エグゼクティブだ。彼には至上命題がある。視聴率だ」と、ズッカーが率先してトランプ候補を前面に押し出して視聴率を取りに行った理由を示唆した。

その結果、ズッカーは「アメリカ合衆国大統領ドナルド・トランプ」という怪物を生みだしてしまった。ズッカーの視聴率至上主義がトランプの圧倒的なテレビでの露出を生みだす要因であったことは明らかだろう。

《コメット・ブッククラブ》発足!

小社のブッククラブ《コメット・ブッククラブ》がはじまりました。毎月末には，小社関係の著者・訳者の方々および小社スタッフによる小論，エセイを満載した（？）機関誌《コメット通信》を配信しています。それ以外にも，さまざまな特典が用意されています。小社ブログ（http://www.suiseisha.net/blog/）をご覧いただいた上で，e-mail で comet-bc@suiseisha.net へご連絡下さい。どなたでも入会できます。

水声社

ズッカーとトランプはニューヨークのセレブ同士で、子どもも同じプライベートスクールに通っていた。ズッカーは二〇一七年、大統領就任から三カ月後にトランプがイスラム教徒の米国入国を禁止せよとした時でも「わたしはトランプが好きだ」と公言してはばからなかった。CNNのホワイトハウス担当記者ジム・アコスタがトランプ大統領と報道官から執拗に攻撃された時も、ズッカーは「このゲームはウィン・ウィンなのだ」とあたかも織り込み済みのレースであるかのように語っていた。

しかし、トランプ政権のCNNへの誹謗中傷は、米国の分断をさらに深めた。生みだされた怪物は、もはや生みの親の手を離れ、巨大化して遥か遠くに立っている。

ズッカーがいまでもこの現状を視聴率の取れるリアリティショーの延長と見ているのか、リアルな世界への脅威と見ているのかは、批判と非難に満ちているとはいえ、相変わらずトランプ大統領の言動ばかりを取り上げ続けるCNNの報道を見ていても、答えが見いだせないままだ。

「プラウド・ボーイズよ、スタンバイだ!」――トランプ大統領の呼びかけ

小学校の時、学級会の進め方を教わった。

「人の話を聞くこと」「人の話を途中で遮らないこと」「要点をまとめてしゃべること」「同じことを何度もしつこく繰り返さないこと」「他人(家族)の悪口を言わないこと」「相手に敬意をもって接すること」「進行役の指示に従うこと」――これらがすべて守られていないのが九月二十九日に行われた第一回大統領候補討論会だった。この四年間の米国の政治と社会はずっとこうだったので、米国社会のあるがままの姿が見えた感じだ。

常軌を逸した議論には驚かなかったが、混乱が予想される大統領選挙後の動きに危惧を抱かせたのは、「白人至上主義」との関わりをモデレーターから問われ、「じゃあ、名前を挙げてみろ」というトランプに対して、バイデンが〈プラウド・ボーイズ〉の名を挙げた時、トランプが言い放った一言だ。

「プラウド・ボーイズよ、一歩引いてスタンバイだ！」

さっそく〈プラウド・ボーイズ〉は大統領候補討論会で自分たちの組織の名が上がったことを歓迎するツイートを発し、早くも「スタンバイ」のロゴ入りTシャツを作った。そしてトランプに宛ててメッセージを送った。「了解！　身を屈め、行動に備えます」。

〈プラウド・ボーイズ〉は二〇一六年の大統領選挙前に英国とカナダの右翼活動家によって組織され、FBIも「極右グループ」に分類している団体だ。〈プラウド・ボーイズ〉は男性中心の伝統的価値観に基づき、「白人はジェノサイド（集団虐殺）に晒されている」という陰謀論に乗って移民政策に反対し、銃を保有する権利と反フェミニズムを前面に出す「愛国者」だと自己規定していて、ヨーロッパの極右とも連携している。〈メイク・アメリカ・グレイト・アゲイン〉と書かれた真っ赤な帽子を被り、黒地に黄色のポロシャツがトレードマークだ（最近、メーカーはこのポロシャツの製造を中止した）。

二〇一七年八月のシャーロッツビルでの騒乱では、KKK（クー・クラックス・クラン）やネオナチを糾合する役割を果たし、去年は〈アンティーファ〉の活動家に暴力を振るったとして二人が逮捕された他、最近では〈ブラックライヴズ・マター〉のデモに対して暴力行為に出ている。先週もオレゴン州ポートランドで続く人種差別への抗議行動に暴力を加えたばかりだった。

極右団体のソーシャルメディアと化した投稿サイト〈パーラー〉では「これこそが俺たちの大統領！」

「スタンド・バイ！　ＯＫ」といった投稿が相次いでいた。

〈プラウド・ボーイズ〉や彼らと連携する極右組織はトランプの言葉を「暴力行為へのゴーサイン」ととらえた。討論会は、意見を異にする者や気に食わない者への憎悪を表に出しても構わないことを見せつけ、暴力への誘惑に一役買っていた。

「民主主義は理論上は美しく、実践上は誤りだ」

自由主義と民主主義を徹底的に憎悪し軽蔑したイタリアのファシスト、ムッソリーニは一九二八年に次のように言ったことがある。

「民主主義は理論上は美しく、実践上は誤りだ。諸君はいつかそのようなアメリカの姿を見るだろう」。

いまの米国を見ていると、この言葉が切実に響いてくる。

多くのトランプ支持者たちは〈ブラックライヴズ・マター〉の抗議行動が過激化するのを恐れ、その阻止には暴力を使う必要がある、と考えている。一方、民主党バイデン支持者も、極右の暴力を恐怖し、暴力で対抗することに躊躇をなくし始めているようだった。

「恐怖そのもの」が米国の民主主義を内側から食い尽くそうとしている。

ある調査によれば、「あなたの支持する政党がその政治的目的を達成するために暴力を用いることを正当化しますか？」という問いに対して、二〇一七年十一月には「イエス」と答えた人の割合が共和党支持者も民主党支持者もともに八パーセントだったのに対して、二〇一九年十二月には民主党支持者が一六パーセント、共和党支持者が一五パーセントと、二年でほぼ倍になり、二〇二〇年六月には両党支持者とも三〇パーセントと、わずか半年で倍増し、さらに二〇二〇年九月の調査では民主党支持者三三パーセント、共和党支持者三六パーセントが、「政治的目的を達成するために暴力を用いることを正当化する」となっている。トランプ政権のこの三年で、「目的のためなら暴力も辞さない」とする人びとの数が四倍にも跳ね上がった。

つまり現在では民主党の支持者も共和党の支持者もその三分の一が「目的は手段を正当化する」というマキャベリズムの虜となっているのだ。しかも九月の調査では、双方とも四〇パーセントを超える人びとが、自分の支持しない候補者が勝った場合には「暴力の使用は多少は正当化される」と答えている。

懸念されるのは、民主党支持者のうち「たいへんリベラルだ」と自己規定している人びとの二六パーセント、共和党支持者で「たいへん保守だ」と自己規定している人びとの一六パーセントが暴力の使用を「かなりの程度、正当化する」と答えている点だ。主張の異なる相手を、暴力を使ってでも「黙らせたい」とする極めて危険な兆候だ。

そういえば、トランプ大統領はまだ共和党の候補だった二〇一六年二月、第二次大戦中にムッソリーニに対して使われた称号「イル・ドゥーチェ(指導者)」を名乗るツイッター・アカウントが投稿した言葉をリツイートして物議をかもしたことがあった。その時リツイートしたのは「羊として百年生きるよりも、オオカミとして一日生きるほうがましだ」という言葉だった。

選挙広告費、一兆一千三百億円の新記録に

四年に一度の大統領選挙の年には、同時に上院百名の三分の一、下院議員四百三十五人全員の改選が行

われ、今年は十一の州で知事選挙が、さらに州議会議員や地方議会議員の選挙も行われる。

全米の選挙は巨大な産業で、多くの有権者に一度にリーチできる特性を生かせるテレビにとっても、広告収入のかき入れ時だ。

今年の選挙広告費は総額で百八億ドル（約一兆一千三百億円）に上る見込みだ。二〇一六年の選挙広告費が六十五億ドル（約六千八百二十億円）だったことから、五〇パーセント増となる。十二年前と比べると、ほぼ二倍という大幅な伸びだ。

そのうち大統領選挙の広告費は、最終的には五十二億ドル（約五千二百五十億円）に達するとみられ、選挙広告費全体の半分近くを占める。議員の選挙は地域に限定されているのに対して、大統領選挙は全米での広報活動が必要なため、莫大な宣伝費用がかかる。そして選挙戦後半には激戦州に集中投下する。

民主党のバイデン候補は、九月五日から三十日までの期間だけでも九千四百万ドル（約九十八億円）をテレビ広告に投下していて、そのCMの放送回数は十三万八千三百八十二回に達する。一方この期間のトランプ候補のテレビ広告費は四千百万ドル（約四十三億円）で、五万八千七百十四回のオンエアー回数にとどまっている。

また、同時期にフェイスブックとグーグルに投じた額も、バイデン候補が三千二百万ドル（約三十三億円）に対してトランプ候補が二千三百万ドル（約二十四億円）と、九月以降はバイデン候補が広告攻勢をかけていることがわかる。

一方、四月中旬以降からの累積で、両陣営がフェイスブック、グーグルにかけた広告費は、バイデン一億百万ドル（約百六億円）、トランプ一億三千五百万ドル（約百四十一億円）となっている。

ツイッターは「トランプの死を望む」という投稿を削除するか？

新型コロナウイルスに感染した人が誰であれ、その回復を願うのは、どこの国でも人情ではある。しかし、分断が深く進む米国では、そんなきれいごとでは済まない。

トランプ大統領夫妻の陽性反応が伝えられると、ソーシャルメディアでは「トランプの死を望む」という投稿が飛び交った。

トランプ大統領は二〇一五年に大統領選挙に立候補して以来、「ツイッター候補（あるいは大統領）」と異名をとるほど、ツイッターを積極的に利用してきた。二〇一九年十二月には月間千百五本も投稿している。

そのツイッター上でも、大統領自身が投稿して感染を伝えたツイートには、瞬時にして百万の「いいね」が押され、七十五万回リツイートされた。

二〇一六年の選挙でヒラリー・クリントンの広報を務めたザラ・ラヒムも「こんなツイートをするのはわたしの道徳的自覚に反するのだけれど、わたしは彼の死を望む」と投稿した。また「トランプ大統領の死を望む」とツイートしたコメディ脚本家は、多くの反発を受けた後で「わたしを殺すと脅しをかけるQAnonの気違いどもに、あいつらが信じていないウイルスはリアルなものなんだと叫んでやったんだ」と投稿した。

ツイッターでは、「重病人の死を願うなど、人を傷つけることを意図したり呼びかけること」は倫理規定に違反する行為で、ユーザーに削除を呼びかけることになっている。

こうした投稿のうち、すでに削除されているものもあるが、それが投稿者自身によるものか、ツイッター社によるものかは不明だ。プラットフォーム各社が倫理規定に照らしてどのような措置をとるのかが注目される。こうした投稿を野放しにすることによって、どこかで大事な何かが壊れていくと思うからだ。

政敵に対してもモラルや倫理を保つことは大切なことだ。しかし、大統領選挙では、建前を超えたむき出しの憎悪がぶつかりあっている。

トランプ大統領の治療費はいくら?

新型コロナウイルスに感染し入院していたトランプ大統領は、退院が決まった時、ツイッターに「あなたの生命を新型コロナウイルスに左右させてはならない。新型ウイルスを恐れることはない」と投稿した。しかし、一般的な米国市民が恐れているのは、決定的な予防法、治療法のないウイルスへの感染以上に、重篤化し入院が長引いた場合の高額の治療費だ。

米国の医療費は高い。ヘリコプターで上院まで行き来し、何度もPCR検査を行い、最新の治療薬を投与されたトランプ大統領の入院治療費はいくらになるのだろうか?

米国では健康保険に加入していない人が二千万人以上いる(国民の八パーセント)。加入していても利用できる病院の種類、カバーの範囲など、内容は千差万別だ。広範にカバーされる保険だと、一人月額十万以上の保険料が必要だ。コロナウイルスの治療が保険でカバーされるか否かは、加入している内容、入院先などによるので、自分の保険内容を知らないと、とんでもなく高額の請求書が来ることになる。

トランプ大統領の治療内容の詳細はわからないが、十月七日付の『ニューヨークタイムズ』によると、三日間緊急入院したトランプ氏が、もし大統領でなかったら、一千万円を優に超える請求書が来ることは間違いないという。

まずドクターヘリ代が往復で三万八千七百七十ドル（約四百万円）。六十歳以上の新型コロナウイルス患者の入院治療費が六万千九百十二ドル（約六百五十万円）、治療薬レムデシビル処方代が三千百二十ドル（約三十二万円）。トランプ大統領に投与された〈リジェネロン〉はまだ実験的な抗体治療薬なので、普通の病院では入手が難しい。投与されてもマーケットに出回る前の「トライアル」なので無料。

そのほか、入院前後と入院中に大統領はPCR検査を何度も受けており、公共検査場でのPCR検査は原則無料だが、往診や時間外での緊急検査となると、法外な値段をとられる場合がある。

ざっと合算しても一千万円を超え、ドクターヘリを使わなかったとしても七百万円以上の治療費が必要だ。それにもかかわらず、トランプ政権は前政権が成立させた低所得者に配慮した〈オバマケア〉を廃止しようとしている。

「フォックスは昔と違う。ロジャー・エイルズは偉大だった」

大統領選挙まであと三週間となった十月十二日、トランプ大統領はフォックスニュースのインタビューに立て続けに答え、選挙戦の終盤でもフォックスが重要な宣伝機関であることを見せつけたが、フォックスでオンエアーされている反トランプの選挙CMに不快感を示し、激しく批判するツイートを発した。

「フォックスニュースは他のテレビ局より、わたしに否定的なCMを放ったらかしにしている。昔と違って。しかしわれわれは二〇一六年の時より大勝利を勝ち取る。ロジャー・エイルズは偉大だった！」

ロジャー・エイルズとは、一九九六年にルパート・マードックとともにフォックスを立ち上げ、保守派の牙城に育て上げた剛腕のメディア人で、共和党のあらゆる大統領候補がエイルズの面接試験を受けた、と言われている。二〇一六年にセクハラで訴えられフォックスニュースを去った後は、トランプ陣営の選挙参謀となり、トランプ当選の立役者ともいわれていた。二〇一七年にエイルズが死亡してからは、トランプとフォックスニュースとの関係には微妙な陰りがまとわりついている。

しかし、今回の選挙でもトランプ陣営はフォックスをテレビでの選挙宣伝の主戦場としていて、この春以降のケーブルテレビCM資金一千五百万ドル（約十五億七千万円）の五二パーセントをフォックスニュースにつぎ込んでいる（CNNには九パーセント）。

トランプ陣営は一千百億円以上あった選挙運動資金のうち、八百六十億円相当をすでに使い、懐事情が苦しく、九月はミシガン州やペンシルベニア州のような激戦州での選挙CMをカットせざるを得なかったと言われている。トランプ自身は「わたしの選挙運動の資金が底をついてきているというフェイクニュースをよく読むが、ウソだ。そうだとしたら、わたしは自分のカネをつぎ込んでいるだろう」と反論している。

しかし、十月十日の『ロサンゼルスタイムズ』は、トランプ陣営はすでに八月末にはネバダ州、ミネソタ州、ウィスコンシン州、ミシガン州で千百万ドル（約十一億五千万円）分の広告を削り、今度はアイオワ、ニューハンプシャー、オハイオといった激戦州での千七百万ドル（約十七億八千万円）分の選挙広告も引き上げる予定だと伝えた。あるメディア関係者は「トランプ陣営は選挙広告投下の対象を取捨選択しなければならなくなっている。十分な資金を使える状態ではないようだ」と語っている。

一方、トランプ大統領を支える共和党も、トランプ陣営の不利を察して、保守派判事エイミー・バレットの連邦最高裁判事への承認に戦いの主軸を移している。

ある共和党員は「トランプは撃沈したわけではないが、再選が万全というわけでもない。今は、バレットに焦点を据えている」と述べている。第一回討論会でのトランプ大統領の逸脱ぶりが女性と老齢層の間で強い反感を買っていることに、共和党のストラテジストは危機感を強めていて、「この二週間は列車の脱線をスローモーションで見ているようだ。もし民主党がホワイトハウスと議会を支配することになっても、バレットの連邦最高裁判事就任は大きな勝ち点になるだろう」と語っている。

「組織せよ、立ち上がる時だ」――武装右翼の結集

大統領選挙を前に、新型コロナウイルスは製薬会社と政財界エリートの陰謀だとするグループと武装右翼集団の結集大会が、十月十一、十二日に、ジョージア州で開かれた。

この大会は、極右武装組織〈オース・キーパーズ〉のスチュワート・ローデスが呼びかけたもので、三百五十人ほどの右翼団体、陰謀論グループが結集した。

〈オース・キーパーズ〉は二〇〇九年に元軍人、元警察官を中心として結成され、二万五千人を擁する武装組織だ。この組織は、この夏、全米各地で起きた〈ブラックライヴズ・マター〉の集会を、ライフルや自動小銃で武装して威嚇し、トランプ大統領の選挙集会の警備を自発的に務めていた。

集会では、ローデスが〈ブラックライヴズ・マター〉の運動を「共産主義者の戦線」だと訴え、参加者に、「今後三十日で町や地域を組織せよ。今こそ、メンバーとともに立ち上がる時だ」と語って、大統領選挙が近づいた今こそ、銃器の訓練と武装組織としての準備を積極的に行うよう呼びかけた。

極右武装組織はオンラインなどでも大統領選挙に活動の焦点を絞るよう盛んに煽動していて、ことに、

トランプ大統領が第一回討論会で「スタンバイ」と呼びかけて以降、活動が活発化しているようだ。ローデスも集会では「選挙当日には激戦州の投票所にわれわれの仲間を配置し、選挙を守る」と発言した。

この集会の注目すべきは、極右武装グループと陰謀論グループが一堂に会したことで、新型コロナウイルスは大手製薬会社とビル・ゲイツの画策した陰謀であると断じるとともに、英国の陰謀論組織からもビデオ・メッセージが届くなど、国際的な連携を示している。

大統領選で何が起こりうるか

個人的な体験を言えば、こんなに先行きの見えない興奮を誘う選挙は、一九八九年三月にモスクワで開かれたソビエト第一回人民代議員大会以来だ。その選挙で、ソビエト共産党書記長ゴルバチョフによって失脚させられていたボリス・エリツィンが九割の得票を得て当選し、長く反体制物理学者だったアンドレイ・サハロフも当選した。これはソビエト崩壊を決定づける選挙だった。その時の選挙も混乱したが、希望の匂いのする選挙だった。

今回の米国大統領選挙も、大国アメリカの行方を大きく左右する歴史的な選挙になるだろう。しかし、希望の匂いはしない。

選挙情勢をとりまく現状と、投開票日以降に起こりうる「可能性の数々」を整理しておこう。

・十月中旬の段階で一千万人の有権者が投票を済ませているが、トランプ大統領は「郵便投票は不正だ」と言う発言を繰り返しており、バー司法長官も、外国の勢力が投票用紙を印刷している可能性がある、「テキサスでは男一人が千七百人分の郵便票を書いた」など、郵便票の正当性に疑問を抱かせる発言をしている。
・期日前投票や郵便投票の多くは民主党支持者で、投開票日には全数がカウントされる可能性は低い。
・トランプ大統領は支持者に「投票日には投票所に行き、投票の不正を監視せよ」と呼びかけている。これに応えて、投票日には、武装した民兵組織が「監視団」として姿を現す。
・トランプ大統領が新たに郵政局長に任命したルイス・デジョイによる意図的な「改革」の結果、郵便票の到着が遅延する。
・郵便票の有効到着日は州によって異なるが、投票者サインの確認などの作業が必要で、共和党が多数を占める州では、郵便票の規則がいっそう複雑になっている。
・複雑な投票規則に票が適合しているか否かを見極め、違反があった場合には異議を唱えるために、トランプ大統領は開票日当日、数千人の弁護士を全米の投票所に張り付かせる。
・共和党は開票結果について、違反が見つかった場合は「死亡した人の名で投票がなされた」などとして調査を求め、バー司法長官は即座にこれに応じる。
・トランプ支持者による開票作業妨害を防ごうと、民主党支持者が街頭へ出る。
・これに呼応して街路へ出たトランプ支持の武装組織とバイデン支持者の間で小競り合いが起こる。
・トランプ大統領が〈反逆法〉を宣言し、武装警官を投入すると同時に、連邦軍に「票の差し押さえ」を命じ、それによって「票の集計作業」はさらに大幅に遅れ、一部では中止される。
・カギを握るスウィングステーツの開票結果に対し、トランプ陣営から正当性を疑問視する声が上がり、十二月八日までにスウィングステーツでの勝者が決まらず、憲法上の権限で州議会が選挙人を選出する。

・共和党が多数を握るペンシルベニア、ミシガン、ノースカロライナ、フロリダ、アリゾナ、ウィスコンシンの各州では、集票プロセスが不当で選挙結果は法的正統性を欠く、との訴えが出され、投票そのものを無効と宣言して州議会がトランプを支持する選挙人を選ぶ。

一方、民主党知事たちは「投票は正当なものであり、当選者は決まった」と宣言し、州議会が選んだ選挙人とは別の、開票結果通りバイデンを推す選挙人を選出する。

・これによって、ひとつの州に別々の候補を推す二人の選挙人が生まれ、十二月十四日の選挙人投票の日を迎える。

・民主、共和両党がそれぞれの選挙人の正当性を主張した場合、米国憲法には明確な判断規定がないため、修正憲法第十二条によって、ペンス副大統領が、いずれの側の選挙人を妥当とするか判断する。

その場合、トランプが当選。

・下院がその結果に反対し、選挙の勝者が確定するまでの期間としてペロシ下院議長を臨時大統領に任命するが、共和党はこれを認めず、トランプ大統領の二期目の就任式を強行する。

・係争は最高裁判所の審議に委ねられるが、保守派判事が多数を占める最高裁では、トランプ大統領が勝利したとの判断が下される。

8 カーニバルは終わったか？――十月

カーニバルは終わったか？

十月十七日までに、すでに期日前投票、郵便投票を合わせて千八百万人が投票を済ませた。CNNの世論調査では十六ポイント、NBCの調査では十一ポイント、そしてガーディアンの調査では十七ポイント、バイデン候補がリードとなった。もし現職が敗れることになれば、ブッシュ（父）がビル・クリントンに敗れて以来二十八年振りだ。

予備選で無謀にも現職トランプ大統領に挑み敗退した共和党のジョー・ウォルシュは「十一月三日の夜、トランプは負ける。共和党にとっては死屍累々となるだろう」と予測した。

トランプ陣営は、高齢者がトランプ支持の熱狂から距離を置いているのが不安の種だった。二〇一六年のフロリダ州での勝利は、高齢者層の支持が大きな要因だった。しかし今年、高齢者層は新型コロナウイルスへの政権の対応に大きな不満を持っていた。

それに加えて、自分より三歳年上の七十七歳のバイデン候補を車椅子の老人施設の利用者に見立て、「入居者バイデン」として投稿されたトランプ大統領のツイートは、高齢者以外の共和党支持者からも顰蹙を買った。

そして、四年前はトランプを支えながら、今回急速にトランプ離れを起こしているのが、郊外の女性層だ。女性有権者の多くはトランプの男性中心主義的な発言や、討論会で見せた粗暴な振る舞いに拒絶反応を示した。その危機感を感じたトランプは、十月十三日のペンシルベニア州ジョンズタウンでの集会で、「お願いだ、郊外の女性たち、わたしを好きになってくれ」と猫なで声で訴えた。

退院後もトランプ大統領は精力的な選挙活動を続けているが、テレビ各局が集会の様子を伝える回数は明らかに減った。大統領が振りまく陰謀論に熱狂する支持者の姿も、ある種、カルトじみていて、新鮮さを欠く光景と言わざるを得ない。今後四年間の政策が語られることは、まったくない。

アイオワやジョージアといった伝統的に共和党が強い州の集会においてさえ、トランプ大統領は天を指して「われわれには天のボスからの助けが必要なんだ」と冗談とも本気ともつかぬ言葉を放った。

「カーニバルは終わった」――四年前には度肝を抜いたトランプ流の集会が、退屈な日常と化したその様子を見て、あるコメンテーターはそう言った。

資金繰りに窮したトランプ陣営は接戦州のテレビCMも引き上げていた。

政治学者の中からは「トランプはもう規律もなければコントロールもきかない。この選挙に勝とうとしているとも思えない。とても勝利を狙う候補者の戦略とは思えない」といった声も出ていた。

別の政治学者はこう言った。「トランプが選挙を揺さぶることはもうできないだろう。揺さぶるには水爆級の何かが必要だ。各州の世論調査が伝える通りアップアンドダウンはない。選挙は事実上終わった」。――だが、四年前、投票日の直前まで、『ニューヨークタイムズ』や『ハフィントンポスト』は「トランプが勝つ確率は一〇パーセントに届かないだろう」と言っていたことを思い返すと、「カーニバルが終わった」と言い切ることはできない。カーニバルには二日目の夜があるかもしれないからだ。

バイデン陣営、全米テレビCMが効果あらわす

二〇一六年の選挙では、異常なほどの注目を浴びて、テレビCMさえ大規模に打つ必要のなかったトランプ陣営にとっては、現職の大統領とはいえ、今年はオーソドックスな長丁場の選挙戦を戦う初めての経験だ。トランプ陣営の選挙運動が終盤にきて息切れを見せているのは、当初潤沢だった選挙資金が底をついているためだけとは言えない、戦略的な誤算があるのかもしれない。

一方、バイデンの選挙戦は、大規模な集会を控え、テレビ広告を中心にした地道なものだ。ところが、この地道な作戦が功を奏しているようだ。

バイデン候補はこれまで四億二千百万ドル（約四百四十二億円）をテレビCMに投下しているが、特徴的なのは、スウィングステーツだけを狙うのではなく、全米ネットで選挙CMを打っている点だ。四億二千百万ドルのうちの一五パーセントを全米向けの広告に充てていて、そこにはアリゾナのような激戦区だけでなく、マサチューセッツのような民主党の強い州や、逆にアイダホのような、逆立ちしても共和党に勝てない州も含まれている。

CM枠は中高年視聴者に人気のエンターテインメントやショー番組に集中させていて、新型コロナウイルスの影響で〈ステイ・アット・ホーム〉を余儀なくされている人たちをターゲットにしている。そしてテレビ局の幅も広く、フォックスから〈ヒストリー・チャンネル〉に及んでいる。

一方、トランプ陣営のCM戦略は、対照的だ。トランプ陣営はバイデン側より一億六千七百万ドル（約百七十五億円）少ない二億五千四百万ドル（約二百八十億円）をテレビCMに充てているが、全米ネットのCMにバイデン陣営が六千三百万ドル（約六十六億円）を投じているのに対して、トランプ陣営は三千四百四十万ドル（約三十六億円）とほぼ半分に過ぎない。またそのうちの半分がフォックスニュースに集中している。

通常の大統領選挙では十州前後のスウィングステーツを中心に選挙広告が展開されるが、激戦州のCMは価格が高くなりがちで、それならいっそのこと、全米をターゲットとしたCMの方が購入価値がある、というのがバイデン陣営の判断のようだ。全米CMにはもうひとつメリットがあり、国内に時差帯がある米国では、人気番組は時差に合わせて放送されるのだが、全米ネットでCMを買うと、視聴数の多い時間帯にCMが放送される。

バイデン陣営は「通常、この時期には的をしぼっていくのだが、わたしたちはますます間口を広げようとしている」と語っている。

一方、トランプ陣営は「勝てる州にテレビCMを流すのは無意味だ。広告は的確なメッセージを的確な有権者に届けるためのツールだ」と述べている。

「的確なメッセージを的確な有権者へ」という意味では、ネット広告への資金投下はトランプ陣営の方が大きく、フェイスブックとユーチューブに合わせて一億七千四百万ドル（約百八十二億円）を使用し、バイデン陣営は一億四千百万ドル（約百四十八億円）となっている。

また、スーパーPACを含めると、テレビCMへはバイデンの民主党陣営が七億二千三百万ドル（約七百五十九億円）、トランプの共和党陣営が四億五千三百万ドル（約四百七十五億円）と、その差はさらに大きく開いている。

十月二日にトランプ大統領が新型コロナウイルスで入院した時、バイデン側はネガティブ広告は打たない、と宣言したが、大統領の退院以降もネガティブCMを控えている。バイデンの人となりを伝えるCMの方が効果的だと判断したからのようだ。

バイデン陣営の選挙資金集めは絶好調で、投票日まであと二十日となった十月十五日の時点でも、手元にはまだ四億三千二百万ドル（約四百五十億円）のキャッシュがあり、資金ショートが噂されるトランプ陣営を尻目に、テレビCMとネットへ最後の集中投下を図っている。

トランプ・クーデターは起きないか？

このところ、選挙投開票日の混乱やその後の騒乱の可能性を想定する記事やリポートが米国のメディアを賑わしているが、「トランプのクーデターは起きない」と固く信じる人もいる。『ニューヨークタイムズ』（十月十日）のコラムニスト、ロス・ダウザットの見解はこうだ――

たしかにトランプ政権の四年間は、独裁主義的な特徴を様ざまな形で見せつけてきたが、トランプ大統領には「独裁主義」の要素が欠如している。

・トランプは世界の他の「独裁者」にあるような人気と政治的スキルを持っていない。
・メディアへの支配力を持っていない。フォックスのプライムタイム以外は敵意に満ちたメディアに囲まれている。
・軍の幹部に軽蔑されている。
・シリコンバレーのSNS各社も、フェイスブックのザッカーバーグCEOは別として、トランプを支持するよりは、その発言を検閲している。
・最高裁も、トランプ大統領が推薦した判事さえ、トランプの決定に反する判断を下す場合がある。
・トランプはCIAやFBIといった情報機関と常に対立して戦争状態にある。
・大統領を支える大衆運動がない。
・メキシコとの間に壁を作る、違法移民を子どもと引き離す、と息巻いていたが、壁は完成せず、子どもとの引き離しも世論の声で撤回を余儀なくされた。

以上のような理由で、トランプが負ければ、彼はホワイトハウスを去るだろう、そして非合法的に権力を維持しようとする試みはあり得ない想定だ。

トランプが共和党をけしかけて選挙結果を妨害したり、暴力集団をけしかけたり、最高裁にバイデンの勝利を無効にさせたりすることは、われわれが見てきたこの四年間のトランプ政権の姿とは無縁だ。弱い、威張るのが好きな大統領はクーデターを計画していない。トランプには「計画」する能力が欠けているからだ。

二〇一六年にリベラリズムは負け、多くのリベラル派は、そのうち自分たちはプーチン政権下の反対派や、ワイマール時代の自由主義者のようになるのではないかと考えてきたが、実際にはトランプ政権下でリベラリズムは米国社会の一層支配的な力になり、進歩し、文化面でも高まった。

――以上がロス・ダウザットの見立てだ。

しかし、どんなに自由に見える社会でも「恐怖」に直面した時に、人びとの感情と行動はたちどころに大きく旋回する。あらゆる独裁主義は「恐怖」の種を、時には微量に、時には大量に日常の中に振りまきながらやってくる。そして「恐怖」を大きく育てるのはいつも、人びとの「無関心と沈黙」だ。わたしには、トランプ大統領は、この四年間「恐怖の種」を上手に撒いてきたと思える。

「ニューヨーカーよ、苦しむがいい」

大統領選挙まで十日となったニューヨークのタイムズ・スクエアに、トランプ大統領の娘イヴァンカと娘婿ジャレド・クシュナーの大きな看板が掲げられている。

ニッコリ笑うイヴァンカの方には「33366+ ニューヨーカー、221247+ アメリカ人」と新型コロナウイルスによる死者数が示され、腕を組んで微笑むクシュナーの看板には「ニューヨーカーよ、苦しむがいい。それはお前たちの問題だ」と書かれている。そして大きな文字で書かれた「苦しむがいい」の下には、赤と白の遺体収納袋が描かれている。この言葉はクシュナーが三月に、ニューヨーク州のクオーモ知事の記者会見に対して言い放った言葉だ。

これは「反トランプ」の共和党員たちの〈リンカーン・プロジェクト〉による広告で、イヴァンカ、クシュナー夫妻が、新型コロナウイルスに苦しむ米国人に対してまったく無関心であることを揶揄したものだ。

この街頭広告に対して、トランプ大統領の顧問弁護士は〈リンカーン・プロジェクト〉に書簡を送り、即座に看板を撤去しなければ法的手段に訴える、と脅しをかけた。

しかし、「トランプを追い落とす」ことを最大の目標に掲げる〈リンカーン・プロジェクト〉の活動の中心は、かつての共和党大統領候補たちの選挙戦略を担ってきた面々であり、こうした脅しにひるむことなく、逆に、弁護士の書簡を看板の写真とともにツイッターにアップし、一言"Nuts"（クソくらえ！）と書き足した。

そして、徹底的に喧嘩腰の〈リンカーン・プロジェクト〉はこんな声明を出した。

「米国の憲法に理解を示してこなかったこの政権が言論の自由を踏みにじろうとするのは驚くに当たらない。われわれはこの市民の権利をできるだけ〈痛みを感じるように〉思い知らせてやるだけだ。イヴァンカとクシュナーは米国の人びとにこれっぽっちの関心も払ってこなかった。われわれも同程度の敬意を彼らに示しているだけだ。看板は立ちつづける。世界の交差点であるタイムズ・スクエアで、トランプ一家とクシュナー一家が米国民に対して示した非情さと残酷さを人びとがつねに思い返すことは重要なことだ」。

タイムズ・スクエアの大きな看板に、この国のしたたかさと、海千山千の保守主義者たちの「アメリカの良心」を見たような気がした。

「出口調査は役に立たないだろう」

フォックスニュースの経験豊かな「当打ちデスク」アーノン・ミーシュキンは、今年は郵便投票があまりにも増えすぎて、通常の出口調査は役に立たないだろうと言う。

二〇〇三年以降はABC、CBS、NBC、CNN、フォックス、APがコンソーシアムを組んで共同の出口調査を行い、データをシェアしてきた。しかし、その正確性については、近年とくに疑問を呈する声が増えてきていた。

ことに今年は郵便投票が全投票数の六割を超える模様で、そうなると当日の出口調査ではこの郵便票の傾向はまったく探れない。フォックスとAPは、すでに二年前から、この出口調査には加わっていないが、投票日前の期日前投票の傾向については独自の調査を続けているという。

ミーシュキンは、世論調査が示すような、全体でも激戦州でもバイデン候補リード、という見方には異議を唱えている。今年も「隠れトランプ」現象の影響が大きいからだという。

また、前回トランプ当選を的中させた調査会社トラファルガー・グループの調査主幹も、「隠れトランプ票」によって、トランプ大統領が再選されるだろう、との見方を示しており、「トランプ支持者は今でも世論調査に答えるのにためらいを感じている。それを見落としては正しい結果にはならない」と述べている。

勝つのはどっちだ！

十月二十六日。あと二週間もすれば、大統領選挙の結果が出るのだから、どちらが勝つかと予想したり、有権者の投票行動を読み取ったりすることは無駄なことのように思われるが、大統領選挙は複雑極まりない米国社会が凝縮されたような長丁場の大イベントで、その過程で思いもよらない米国民の姿が垣間見えるので、調査分析を読み解くことは面白い。

十月はじめのギャラップ社の調査に興味深い数字がある。

まず、「四年前と比べて、あなた、あるいはあなたの家族は良くなっていると思うか？」という質問には五六パーセントが「イエス」と答えているのだ。これは一九八四年以来の八年ごとの数字の中ではもっとも高い数字だ。

そして、世論調査ではバイデン候補がリードを保っているにもかかわらず、「あなたが誰に投票するかは別にして、十一月の選挙で誰が勝つと思うか？」という問いに対しては、五六パーセントの人が「トランプ」と答えているのだ。一方「バイデン」と答えた人は四〇パーセントに過ぎない。共和党支持の九〇パーセントが「トランプ」と答えているのは不思議ではないが、民主党の支持者で「バイデンが勝つ」と答えた人は七三パーセント、「支持政党なし層」では五六パーセントが「トランプ」と答えている。実はこの調査は一九九六年から二〇一六年まで、「獲得投票数（一般投票）」で勝った候補をすべて当てている（二〇〇〇年のゴア候補と二〇一六年のヒラリー・クリントン候補は選挙人獲得数で負けた）。

ここでは、誰が「勝つか」という言葉が意味深長で、バイデン支持者でも、トランプ陣営が、郵便投票の無効宣言や投票行動の妨害、果ては連邦最高裁判所の多数決判断まで、あらゆる手を使ってでも「勝つ」だろうと推測している人が少なからずいるということだ。ちなみにトランプ支持者の九〇パーセントは、トランプ大統領自身が毎日のように集会でそう繰り返しているせいか、トランプが地滑り的大勝利で勝つ、と信じている。

また、モンマス大学の調査では五七パーセントの人が「自分たちのコミュニティに隠れトランプ支持者がいる」と考えていて、「隠れバイデン支持者がいる」と考えているのは二七パーセントにすぎない。しかも激戦州では六二パーセントの人が「隠れトランプ」の存在を身近に感じている。

さらに、十月十三日から二十日のロイターの調査では、バイデン支持者の四三パーセント、トランプ支持者の四一パーセントが、「自分が支持しない候補者が勝った場合は、その結果を受け入れない」と答えている。もっと過激に「支持しない候補者が勝った場合、街頭に出て暴力行為も辞さない」と答えたのはバイデン支持者の二二パーセント、トランプ支持者の一六パーセントにのぼっている。

投開票日の楽しみ方

『ワシントンポスト』（十月二十七日）が「投票日の夜とその後の究極のサバイバル・ガイド、質問と回答」として、注目点を整理している。なかには「投票所にいって〈あなたは投票できない〉と言われたらどうするか?」「投票所での投票は感染の危険があるか?」「投票所では暴力を振るわれないか?」など、投票に関する深刻な問いもあるが、ここでは三日の開票速報以後を見てみよう。（時間はいずれも東部時間）

開票日の夜、どの州から結果が出始めるのか？

・ケンタッキー州とインディアナ州は六時に投票が終了する。しかし、この二州はトランプの勝利が確実な州だ。

・フロリダ州は七時に閉まる。ここからローラーコースターが始まる。

・ペンシルベニア州とミシガン州は八時、ウィスコンシン、アリゾナは九時に閉まる。

・フロリダ州とコロラド州は期日前投票と郵便投票を大量に処理してきた経験があり、他の州よりも早く中間報告が出る可能性がある。コロラド州は投票受付後すぐに集計し、フロリダ州でも投票日の一週間前から集計をスタートしている。アリゾナ州も二年前の中間選挙では八〇パーセントが期日前投票だったが、集計には時間がかかる可能性がある。

・ペンシルベニア州とウィスコンシン州は、十一月三日当日まで郵便票をカウントしない。またペンシルベニア州は投票日前に投函された票であれば、三日後まで受けつけている。

・ミシガン州は投票日の十時間前までは郵便票をカウントしない。結果の公表は遅れるだろう、とすでに声明を出している。

・ノースカロライナ州は、期日前票は直後に集計を開始するが、期日前票の到着受け付けは十一月十二日までに延長した。

・オハイオ州は七時三十分現在の開票状況を非公式に伝えるが、正式な結果は一、二週間後となる。

ニュース番組の開票速報は、例年と違うのか？

・ロイターでは「スピードより透明性、正確性」を重視するとしている。
・NBCは九九・五パーセント確実なところで当確を伝える。
・『ニューヨークタイムズ』はすでに、翌日の新聞では激戦州の勝者の名は出さないだろう、としている。
・CBSは激戦州については出口調査を使って、その時点での傾向を見せるにとどめる。

どの州を注目して見ればいいか？

・フロリダ州、ペンシルベニア州、ミシガン州、ウィスコンシン州。これらの州は二候補がもっとも拮抗している州で、二百七十人目の選挙人を決める州となる可能性が大きい。
・もしバイデン候補がウィスコンシン州、ミシガン州、ペンシルベニア州、メーン州の、オバマからトランプへ流れた、郊外の白人労働者の票を取れれば、勝利に近いと言える。

一番早く勝者がわかる可能性があるケースは？

・最初に開票結果の出るフロリダ州やコロラド州で、大差で勝つ候補が出れば、その候補が勝つ可能性が大きい。

最悪のシナリオは？

- 激戦州の結果が数週間、数カ月かかっても出ず、議会に持ち込まれるケースが最悪だろう。
- ミシガン州、ウィスコンシン州、ペンシルベニア州は大量の郵便投票の処理に慣れていないので、この三州では全票の集計が終了するまでに数週間かかる可能性がある。
- すでに郵便投票を巡っては二百件以上の訴訟が起きている。

メディアの報じる当選者ではない候補者が勝利を宣言した場合、どうなるのか？

- どうにもならない。ニュースメディアが当選を打つのは、十分な情報があるからだろうが、しかし選挙結果には公的な証明が必要。候補者も自分で勝利を宣言したところで、大統領になれるわけではない。
- メディアは誤報を避けるため、当打ちには慎重になるだろうが、勝利宣言によって有利になるとみた候補者が勝利宣言をすることはありうる。

公式な結果はいつ出るのか？

- 普通の選挙では、開票の過程で勝者がわかるので「公式結果」は儀式に過ぎないが、混乱が起きることを想定するならば、次の日付が重要。

十二月八日――州が選挙人を決める日。この日までに決まらない場合も、なお六日間は集計の猶予期間がある。この勝者についてクレームが出た場合は、さらに複雑になる。
十二月十四日——選挙人投票日。通常は形式だけだが、州知事と州議会が別々の選挙人を出したことが一八七六年にあった。複数の州で係争が続き、両候補とも過半数が取れない場合は一月六日に持ちこされる。
一月六日——副大統領が議会に選挙人の投票結果を伝え、結果を承認し、大統領と副大統領を指名する。この時点まで係争が続いていた場合は、新たに選出された議会構成によって決まる。ペンス議長が議事進行し、もし上下両院が民主党多数ならばバイデン、両院で共和党多数ならばトランプが大統領となる。
一月二十日——大統領就任式。

「メディア戦略は勝敗を決する地上戦だ」——バイデン陣営、テレビCMに集中

トランプ陣営は運動資金不足によって、フロリダ州、アイオワ州、ネバダ州でのテレビCMを取りやめたが、一方、投票日までの最終週で、バイデン陣営は五千四百十万ドル（約五十六億八千万円）をテレビCMにつぎ込んだ。これはトランプ陣営の二倍にのぼる。

民主党の予備選にも出馬した億万長者、ブルームバーグ元ニューヨーク市長は今週、テキサス州とオハイオ州で、バイデンを支持しトランプ政権の新型コロナウイルス対策を非難するスポットCMに一千五百万ドル（約十五億七千万円）を投入した。二〇一六年の選挙では、トランプはテキサス州では九ポイント、オハイオ州では八ポイントの差をつけてヒラリー・クリントン候補に勝利したが、今回の選挙では両州で

バイデンと互角の戦いとなっている。ブルームバーグは、フロリダ州のテレビCMにも一億ドル（約百五億円）を投下している。

バイデン陣営は、最後の一週間で、ペンシルベニア、フロリダ、アリゾナ、ミシガン、ノースカロライナ、ウィスコンシン、ジョージア、アイオワ、オハイオ、ネバダ、ミネソタ、テキサス、ニューハンプシャーの各州で積極的なテレビ広告を展開していて、すべての州でトランプ陣営の投下額を上回った。

一方、トランプ陣営は、選挙運動資金はもはやRNC（共和党全国委員会）とスーパーPAC〈アメリカ・ファースト・アクション〉に頼るほかなく、当初予定していたテレビCMの中止が続いている。トランプ陣営も最大の激戦州であるペンシルベニア、ウィスコンシン、ミシガン、ミネソタ、オハイオの五州ではテレビCMを増やしたものの、早くから予約していたニューハンプシャーでの九十二万ドル（九千六百六十万円）分のCMをキャンセルした。ネバダ州とアイオワ州でもスポットCMの数を減らしているという。

今週トランプ陣営がフロリダ州に投下するテレビ広告費は先週の四百二十万ドル（約四億四千万円）から二百九十万ドル（約三億円）へと、大きく減っていて、バイデン陣営の一千五百十万ドル（約十五億八千万円）の五分の一となっている。

九月一日以降、両陣営と支持団体が使ったテレビ広告費とデジタル広告費の合計はすでに八億千四百万ドル（約八百五十四億円）を超えているが、バイデン陣営のストラテジストは「メディア戦略は勝敗を決する地上戦だ」と語り、ラストスパートでのさらなる集中的資金投下にも備えを進めている。

トランプが負けたらフォックスはどうする?

フォックスニュースはトランプ大統領の宣伝機関といえるほど政権と近くなりすぎてしまっているので、「トランプが負けたらフォックスはどうなるのだろう?」という素朴でもっともな疑問に、十月二十九日付の『ワシントンポスト』が答えてくれている。

プライムタイムのアンカー、ローラ・イングラムは、民主党のバイデン候補の選挙運動について「ボリシェヴィキに注意しろ」と呼びかけ、フォックスの政治解説者はバイデンを「耄碌ジジイ」と呼んだ。

しかし、フォックスを作り、ロジャー・エイルズとともに保守派の牙城に育て上げた、今年八十九歳になるルパート・マードックは、バイデンの勝利を予想し、ことさら慌ててもいないようだ。マードックはトランプが負けたら引退するつもりでいて、世論調査でのトランプ支持の低さは、自分が何度も新型コロナウイルスについて個人的に助言をしてきたにもかかわらず、大統領が耳を貸さなかった結果であって、「トランプのオウンゴール」だと不満を漏らしている。

根っからの保守主義者であるとはいえ、マードックは将来性のあるリベラル派とは関係を築いてきていて、前回の選挙でもヒラリー・クリントン候補に面会を申しいれたのだが、クリントン側がこれを断ったために会談は実現しなかったと言われている。

トランプとの個人的な関係は、マードックが経営するタブロイド紙『ニューヨークポスト』が、スキャンダラスな不動産王としてトランプをさかんに取り上げていた頃からの長い付き合いで、去年、フォックスとディズニーが、七兆円規模の事業譲渡で合意した際には、トランプ大統領がマードックに直接電話をかけ、祝意を述べたと言われている。

しかし、マードックは新型コロナウイルスの危険性について過小評価する発言を繰り返すトランプ大統領に対して懸念を抱き、三月には腹心を通してそのことを大統領に伝えている。そしてフォックスの番組内では「新型コロナは民主党の陰謀だ」と喧伝しながらも、フォックスの職場にはいち早くリモートワークを取り入れ従業員の安全を守った。

そしてトランプ政権の唱える「ウイルスの責任は中国にある」「感染対策より経済を再開せよ」という主張と歩調を合わせることによって、プライムタイムで「もっとも見られている番組」となり、スポンサーのボイコットにあいながらも、去年を上回る収益を上げた。

フォックスの番組はトランプ大統領との濃密な関係を前面に打ち出したもので、モーニングショー『フォックスアンドフレンズ』には大統領からのコメントが直接届くこともある。

だが、もしトランプが敗れれば、最高権力者へのアクセスは断たれる。しかし、フォックスニュースは民主党のオバマ政権時代も「反オバマの砦」として「オバマ叩き」で視聴率を伸ばしてきた実績がある。フォックスの戦略をよく知るジョナサン・クライン元CNN社長は、フォックスはバイデン政権下でも「レジスタンスの枢軸」として確固たる支持を集めるだろうと見ている。保守派メディアは守りよりも攻めの方が支持者にアピールできるため、リアルタイムで叩ける悪役がいる方が、反対派の拠点としては有利だ、というわけだ。

唯一の懸念が、トランプ政権の良くも悪しくも常識外れなドタバタ感が薄れることで、どう考えても「退屈そうなバイデン大統領」のもとでは、視聴者も熱量が上がらないのではないか、という悩みがあるのだが、フォックスには奥の手がある。大統領職を離れても全米の保守派の間で圧倒的な人気を維持し続けるであろうドナルド・トランプその人を、頻繁に番組に登場させ、真っ向からバイデン政権への不平不満をぶつけてもらおうという魂胆だ。前回の大統領選挙時にも娘婿のジャレド・クシュナーは「トランプにフォーカスするメディア」を立ち上げようとしたことがあり、影響力を残したいトランプ自身にとっても、願ってもない戦略だろう。

十一月三日に起きる（かもしれない）こと

三十年以上にわたって歴代の大統領を取材してきて、ピューリッツァー賞も受賞したことのあるベテランジャーナリスト、ロン・サスキンドの「選挙の翌日」という記事が、十月三十日の『ニューヨークタイムズ』に掲載された。

サスキンドはこの一カ月、大統領と一緒に仕事をした人びとを中心に二十人以上の政権関係者と話をし、トランプ大統領が周囲に求めるものは、あくまでも「トランプ個人への忠誠」であり、「憲法への忠誠」を誓った側近たちがどのように切られていったかを確認したうえで、トランプ政権内のキーマンがサスキンドに語った、投票日とその後に「起こるかもしれない」事態を記述している。

・投票日当日の十一月三日、東海岸で投票所が開く。マイアミかフィラデルフィアか他のスウィングステーツの町かはわからないが、活動家グループと長い行列に並ぶ有権者との間でいさかいが発生する。
・活動家グループが投票所を襲い、ケガ人が出る。

・投票所から出火する。
・火に包まれた投票所の映像が瞬時にして世界中にばらまかれる。
・投票用紙を守ると言う口実で、活動家たちが投票所に入り、投票用紙を運び去る。
・警戒にあたっていた警察が乗り出し、メディアで大きく伝えられ、緊迫度を増す。
・保守派メディアが「選挙は不正だ」と伝え始め、暴動を煽る。
・サイバーセキュリティ専門家が、外国からの虚偽情報が出回り、サイバー攻撃が繰り返され、暴動を煽っている、と警告する。
・反トランプの活動家たちとバイデン支持者が各地でデモや集会を始め、双方の武装グループが街路で防衛線を張る。
・トランプ陣営が「選挙は不正で、当選したのはトランプだ」と宣言する。
・これに抗議するバイデン支持者の数が各地で膨らみ武装したトランプ支持グループとの衝突が始まる。
・連邦軍投入も検討されるが、国防長官は動かず、大統領は武装部隊を出動させる。

政権内のキーマンは、最後にサスキンドにこう言った。

「選挙を守る最後の防波堤は米国の有権者だ。しかし、有権者がいちばん弱いところにいる。結果を性急に求めすぎているのだ。国内外の悪意をもった人びとは、有権者のこうした欲望につけ込んでくる。あなただってこうして、ある結果に導かれるようにまんまと操られているではないか。米国人はそんなにヤワではないと思いたい」。

9 激戦――十一月

「悪いことがフィラデルフィアで起きている」とトランプは言った

九月末の第一回討論会でトランプ大統領は言った。「悪いことがフィラデルフィアで起きている。何万もの票が捏造されている」。

フィラデルフィア市は最大の激戦州ペンシルベニア州の中心都市だ。ワシントンとニューヨークのほぼ中間に位置し、独立宣言が採択されたのもこの町に今も残る議事堂でのことだった。ワシントンDCに移るまで、フィラデルフィアが米国の首都だった時期もある。

この町に全米の目が注がれている。二〇一六年の選挙では、勝ったトランプと負けたヒラリー・クリントンとの票差はわずか四万四千票あまりで、ペンシルベニア州の全投票数の〇・七パーセントという僅差だった。

二〇一六年の選挙では、フィラデルフィア選挙区の期日前票はわずか六千票だったが、今年は郵便票と合わせると四十万を超える見通しだ。しかも郵便票、期日前票とも、集計は十一月三日の午前七時からだ。当日の夜には結果は出ない。開票要員には初めての人も多く、機械類も初めて使われるものだ。フィラデルフィアでは大量の郵便票を処理した経験がないことから、今年は開票日前からの郵便票集計が可能になるよう民主党側は主張したが認められず、十一月三日午前七時からの集計作業となった。そのうえ投票日前に投函された票であれば、三日後まで到着を受け付けるため、正式な結果が出るまで一週間近くかかるのではないか、という声もある。

なぜフィラデルフィアが注目されているかと言えば、こうした状況の中、トランプ陣営が、票がすべて開かないうちに、リードしている州で勝利を一方的に宣言し「郵便投票には不正がある」と訴えて集計を混乱に陥れる〈レッド・ミラージュ〉を仕掛けるには、もっとも好い条件がそろっているからだ。

フィラデルフィア以外の州内の選挙区では圧倒的にトランプ支持者が多いことから、三日の開票では、まずトランプ票が積み上げられる可能性が高い。しかもトランプ陣営は「選挙の不正を防ぐ」という名目で、独自の「監視グループ」をフィラデルフィアに送り込むことにしている。

そのうえフィラデルフィアでは十月二十六日に、ナイフを持った黒人男性が警察官に射殺され、抗議行動が激化し、〈ブラックライヴズ・マター〉の活動家とトランプ支持者が一触即発の状態にある。

十月三十一日にはトランプ陣営は州内四カ所で立て続けに集会を開き、「ペンシルベニアを取れば全米を取れる」と言い放った。

ペンシルベニア州の開票は十一月三日午後八時から始まる。

「もっとも簡単な予測だ――バイデンが勝つ」

「民主党員諸君、恐れる必要はない。私のこれまでの選挙予測の中では、今回はもっとも簡単な予測だ。バイデンが勝つ」――投票日前日にこんな大胆な予測をしたのは、軽佻浮薄なコメンテーターではない。大胆な当選予測が載ったのは、『ワシントンポスト』。予測をしたのはヘンリー・オールセンというコラムニストだ。オールセンは米国保守政治分析の専門家で、労働者階級と共和党の関係の変遷とポピュリズムについて研究を続けている。中間選挙を含めた二年ごとの選挙予測はその正確さに定評があり、二〇一六年の大統領選挙と議会選挙も正確に予測した。

オールセンの予想を見てみよう。

なんと、トランプ大統領は、フロリダ、ウィスコンシン、ミシガン、ペンシルベニアの激戦州を一つも取れず惨敗する、という見立てだ。

そして、民主党は上院でも多数を取り、現在多数の下院でも議席数を伸ばす――つまり民主党は大統領、上下院を掌握すると予想している。

さて、バイデン勝利の理由について、オールセンは、人を食ったように、「それはトマス・ペインの有名な著作の通り、コモン・センスだ」と述べている。

オールセンによれば、再選に臨む大統領が判断されるのは、もう一期に値する仕事ぶりをしてきたかどうか、という「コモン・センス」であり、「一期目についての国民投票」となる再選選挙では、市民の信頼が得られるかどうかが最大の挑戦であり、米国人の「コモン・センス」に照らして、トランプ大統領はその信頼にこたえられなかったのだ、と言う。

オールセンの分析によれば、二期目に挑む大統領の「一般投票」の獲得率は、「大統領の仕事を評価するか」という世論調査の最新の結果とほぼ同じで、「評価する」が一度も五〇パーセントを超えなかった初めての大統領としてのトランプが、もっとも高い数値を示したのが、二〇二〇年四月二日の四七パーセントであり、十一月一日にはそれが四五パーセントと伸びていないことが、浮動票を含めて得票の大幅アップを期待できない理由だと推測する。

選挙人数では前回と同じように逆転できるのではないか、という問いに対してオールセンは、「そのためには〈仕事の評価〉が四七パーセントを超えなければならないが、トランプは第一回討論で粗暴な対応を見せたため、それが支持率の低下につながった」と見ている。

しかも前回選挙の推進力となった「大卒未満の白人層」の支持も二〇一六年の六四パーセントから五九パーセントへと落としている。このことからも、ウィスコンシン、ペンシルベニア、ミシガンでのバイデンの勝利は手堅く、フロリダ、アリゾナも、バイデンが勝利するだろうとオールセンは述べている。

常に話題に上る「隠れトランプ」の存在については、二〇一六年の調査では「大卒未満の白人有権者」がカテゴリーとして見過ごされていたためであって、結果を左右するほどの数ではない、と言い切っている。

ただ、緻密なデータ分析を提示するオールセンも、暴力などによる選挙の混乱の可能性については触れていない。

はたして米国独立の根源にあると説かれる「コモン・センス」が、この分断された社会で本当に発揮されるのだろうか。

大統領選の視聴数は二〇パーセントダウン

十一月三日の二十時から二十三時のテレビ各局大統領選挙開票特番の視聴総数は五千六百九十万人で、二〇一六年の七千百四十万人から二〇パーセントダウンした。

これは三大ネットをはじめCNNやMSNBCなどケーブルテレビを加えた二十一のネットワークを総合した数で、ニールセンが毎回公表している。

前回は、票が開くとともに事前の予想に反してトランプ候補がヒラリー・クリントン候補を圧倒し、勝利宣言するという劇的な展開で、テレビ各局の狼狽ぶりがそのまま視聴者に届けられるという、トランプ劇場のクライマックスだった。

今年は選挙への関心は高いものの、郵便投票、期日前投票の多さから、開票作業には時間がかかり、すぐには結果が出ないことがわかっていたことや、例年のような派手な勝利集会を両候補者が予定していなかったことなどもあって、視聴数は低調だった。

「もっとも見られた」テレビ局は今年もフォックスニュースで視聴数は千三百六十万、続いてCNNの九百十万、MSNBCの七百三十万と二十四時間のニュース専門チャンネルが一位から三位を占めた。そのあとにABC、六百十万、NBC、五百六十万、CBS、四百三十万と三大ネットワークがつづく。

年齢層では五十五歳以上が二千七百八十万、三十五—五十四歳が千七百五十万、十八—三十四歳が七百七十万と、圧倒的に年齢の高い層が視聴者の中心だった。

フォックスニュースに「当確」取り消しを迫る

開票日の夜、フロリダ州を接戦の末に制したホワイトハウスは勝利の予感に沸き立っていた。その熱気に水をさしたのは、ほかならぬフォックスニュースの速報だった。午後十一時二十分、フォックスはまだ七三パーセントしか開票が進んでいないアリゾナ州でバイデン候補に当選確実を打った。どこも後を追うメディアがなかったため、一瞬フライングの誤報かと思われた。『ニューヨークタイムズ』によれば、速報を知ったトランプ大統領は烈火のごとく怒り、知事や選挙責任者に電話をかけまくったという。

トランプ大統領の政治顧問はフォックスニュースに電話をかけ、バイデン当確の取り消しを迫った。フォックスニュースのベテラン「当打ち」デスク、アーノン・ミーシュキンはこれをはねのけたばかりでなく、みずから番組で「現在はバイデン五三パーセント、トランプ四六パーセントだが、申し訳ないが、トランプ大統領はこの七ポイントの差を逆転できる見込みはない」と語って「当確」への自信を見せた。AP通信がフォックスに続いてアリゾナ州でのバイデン当確を打ったのは、その二時間ほど後だった。このフォックスの当打ちはおそるべき早さで、まだ期日前票はほとんど開いていなかったし、二日近く経った五日午後になってもCNNやMSNBCさえアリゾナ州の当確は打っていない。

トランプ大統領の娘婿でホワイトハウス上級顧問を務めるクシュナーも、フォックスの創業者マードックCEOに電話をかけた。クシュナーは、「ジェイムズ・ベーカーのような男」を探していた。レーガン大統領の首席補佐官だったベーカーは二〇〇〇年のブッシュ対ゴアのフロリダ州での再集計の際、法廷闘争を率いて、ブッシュを勝利に導いた名参謀だ。しかし、この電話も不首尾に終わったようだ。

トランプ大統領は三日夜から四日にかけて、ずっとフォックスニュースの開票特番を見ていたが、苛立った大統領は午前二時半、「われわれは勝利した」という勝利宣言を行い、投票日以降の郵便票は不正であり、集計をやめるべきだ、と言い放った。明らかにホワイトハウスの空気を一気に変えたのはフォックスニュースの当確情報だった。これ以後、トランプ陣営は集計の中止と、郵便票の無効をめぐる法廷闘争に突き進む。

朝方、トランプ大統領の選挙運動スタッフの一人は、複数の州で法廷闘争を同時に行う戦略は「イチかバチかのロングパスを出すか、帽子からウサギを出すようなものだ」と自嘲気味に語った。

「ひっくり返ったカメのようだ」――テレビ各局、大統領会見をカット

十一月五日午後六時すぎ、トランプ大統領は三日未明以来はじめてカメラの前に姿を見せ、ホワイトハウスで会見を始めた。当落のはざまにある大統領の会見をテレビ局が生中継で伝えるのはニュースバリューからして当然だが、MSNBCは、会見が始まってすぐ中継をカットした。CBS、NBC、NPRも会見を終わりまで中継せず、途中でスタジオに降りた。

MSNBCのMCは視聴者に対して「ここでわたしたちはアメリカ合衆国大統領の会見を途中で切るだけではなく、大統領の発言を訂正するという異常な事態の中に置かれている」とことわりを入れた。そしてもう一人の女性アンカーは「いま危機の火薬庫の中にあるこの国で、トランプの嘘だらけのプロパガンダを垂れ流すことに手を貸さないためには、途中でカットせざるを得なかった」と語った。NPRも「トランプがメディアの前で話しているが、ファクトチェックのためにカットする」としてスタジオに戻った。

CNNはトランプ大統領の会見を最後まで伝えたあと、MCのアンダーソン・クーパーがショックを隠せない様子で「証拠もなく、選挙への誹謗中傷を繰り返すだけ。あれがアメリカ合衆国の大統領、世界でもっともパワフルな人間だとは。まるでひっくり返ってお日様にさらされた、ぶざまな太ったカメのようだ。自分の時代が終わったことがわかったのだろう」と語った。

トランプ大統領の会見は、「民主党は不正を行って選挙をかすめ取ろうとしている」として選挙への非難を繰りかえすものだったが、書かれた原稿に目を落とし読み上げるだけで、いつものトランプらしい攻撃的な姿勢はなかった。法的手段に訴えると繰り返しても、虚ろなまなざしが原稿と空中を行ったり来たりするだけだった。

この会見を見ていたトランプの姪のメアリー・トランプはMSNBCの番組で、「トランプは絶望しているように見えた。彼が受けたダメージは計り知れない。誰も助けてくれる人がいないのでしょう」と述べた。

揺れるマードック王国の論調

メディア王ルパート・マードックが権勢を振るうメディアは、米国の保守層に強い影響力を持つだけでなく、ウォールストリートの経営者やワシントンの共和党中枢にも大きなインパクトを与えてきた。

全米で八千七百万世帯をカバーするフォックスニュースはその中心的な存在で、「全米で一番見られるニュース局」の座を長年維持し、トランプ大統領にもっとも近いテレビ局となってきた。『ウォールストリートジャーナル』は二百八十三万部を誇る必読の経済紙だし、『ニューヨークポスト』は発行数二十三万部のニューヨーク地域のタブロイド日刊紙で、芸能ゴシップから政界裏話まで、豊富な写真で伝え、時には嘘か本当かわからないような爆弾記事でバイデン候補を攻撃してきた。マードックのメディア王国は、お互いが阿吽の呼吸で論調をそろえ、トランプ支持の一大拠点となってきた。

開票が続き、バイデン有利が鮮明になり、トランプ大統領が「投票の不正」を言い募るようになると、マードック王国のメディアの主張がトランプ一辺倒から微妙に変化し始めた。

最初に動いたのはフォックスニュースだった。トランプ擁護の戦闘的論陣を張るMCローラ・イングラムは「わたしたちも認めたくはないが、もし、好ましからぬ結果を受け入れる時が来れば、トランプ大統領は威厳と落ち着きをもってそうしなければならない。負けを受け入れるのは恐ろしいことだ。しかし、トランプのレガシーはそうしてこそ偉大なものになる」と発言した。

これに続いて『ウォールストリートジャーナル』は十一月六日、「大統領、大詰め」という社説を掲載した。社説は民主党が進めたペンシルベニアでの投票受付期間の延長などを非難した上で、「もしバイデンが二百七十人の選挙人を獲得すれば、トランプ大統領は決断しなければならない。われわれは大統領がいさぎよく負けを認めることを望む。正常な政権移行を拒否して、積み上げてきたレガシーが崩れ去るのを見たくはない。……もし敗北の時がくれば、トランプは米国民主主義の伝統にのっとって、威厳をもってホワイトハウスを去って欲しい」と述べている。

選挙直前に、バイデン候補の息子ハンター・バイデンのスキャンダルの火元となった『ニューヨークポスト』も十一月七日の一面にバイデンの写真を掲げ、「準備はいいか、ジョー?——バイデン、大統領選勝利へ近づく」と大きな見出しを掲げた。対照的に「トランプ、闘いを続ける」という見出しは右下に小さく載るだけだ。

しかし、フォックスニュースも『ウォールストリートジャーナル』も『ニューヨークポスト』も全面的にトランプ敗戦を認めているわけではなく、番組や記事の中では、トランプ陣営の不正投票追及と法廷闘争を支持する論調も目立つ。

共和党が「トランプ党」となって以降、大統領に面と向かって意見を言える保守政治家もいなくなった現状では、「保守派メディアの牙城」を築き、トランプ政権の誕生に大きな役割を果たしたマードックの動きに注目が集まっている。

ドナルド・トランプが負けた日

十一月七日土曜日の朝は、この季節にしてはめずらしく暖かい晴天だった。起きるとすぐにテレビをつけた。MSNBC、CNN、フォックスニュースとチャンネルを回し、十時すぎまで、放送五日目に入った各局の選挙特番を見ていた。選挙区開票を速報で伝えるMSNBCのスティーブ・コルナキ記者は、その票読みの確かさと残票の性格付けの正確さで、一躍全米の人気解説者となっていた。MSNBCではCMの最中も、コルナキ記者が電卓をはじく様子や、クシャクシャのメモ用紙を広げ直して数字を確認する様子を、わざわざワイプを切って見せるようになっていた。「高校教師のような地味な男だが、開票の仕切りは天才的だ」と『ロサンゼルスタイムズ』も賛嘆していた。

ペンシルベニアでバイデン票がトランプを逆転し、九五パーセントまで開票が進んだまま、昨夜から膠着状態になっていた。コルナキは遅れて入ってくる郊外の暫定票が積みあがってもバイデン勝利は揺るがない、と確信をもって伝えていたが、スタジオから「ではなぜ当確を打たないのか？」と問われるたびに、「当確は〈当打ちデスク〉の権限だ。自分の仕事は開票状況をわかりやすく伝えることだ」と繰り返し答えていた。ペンシルベニアでバイデンに当確が出れば、選挙人獲得数二百七十人を超え、一気に選挙の決着がつくのだが、小分けにされた票の集計結果が発表される時刻はコルナキにもわからなかった。ただ、バイデン勝利はもう時間の問題だった。

ペンシルベニア州のあらたな集計結果がすぐに発表される気配がなかったので、一度テレビを消して、新聞を読み始めた。

十一時半頃、突然、一番街を走るクルマの列からけたたましいクラクションが鳴った。そして、「ウオーッ」という地響きのような叫び声が上がった。急いでMSNBCをつけてみると、バイデンがペンシルベニア州を僅差で押さえ、大統領選挙の当選を決めたことを伝えていた。クラクションの音はバイデン当選を喜ぶ、町の人びとの歓喜の表現だった。そこにアパートのベランダに出て鍋や皿やらありったけのものを叩く音が加わって、だんだん大きくなり、止むことがなかった。

トランプ大統領はそのころ、ワシントンを離れ、バージニア州のトランプ・ナショナル・ゴルフクラブでプレーの最中だった。バイデン当確を大統領に伝えた側近によると、「トランプ大統領は意外なほど動揺を見せなかった」という。

しかし、ゴルフを終えてホワイトハウスに戻ったトランプ大統領は、テレビ全局が「バイデン当確」を伝えているのを見て怒りをあらわにし、「何百万もの郵便票が、請求してもいない人びとのところへ送られたのだ」と、この選挙が不正であると主張するツイートを立て続けに投稿した。

ユニオン広場でバイデンの勝利を祝う人びと

「おまえはクビだ！」というプラカードを掲げている（いずれも著者撮影）

この歴史的な日をニューヨークの人たちはどのように過ごしているのだろうと思い、地下鉄に乗ってユニオン広場へ出かけた。

広場は大声で叫ぶ人、歌う人、抱き合う人でいっぱいだった。老若男女がバイデンの当選を喜んでいた。日和のせいだけではなく、みんなが外へ出て喜びを分かち合いたいのだろう、どこの舗道のアウトドアテーブルも一杯だった。

夕方、家に帰ると、一番街を走るクルマはまだクラクションを鳴らして走っていた。クラクションに合わせて拳を突き上げる男や女で、舗道はすれ違うこともできないほどだった。

各メディアから携帯電話に届いたニュースレターを開けてみると、大統領執務室の担当官が辞意を表明した、というニュースが入っていた。ＡＢＣニュースは、トランプ陣営には疲労と失望感が深く漂っていて、選挙に負けたという現実がまだ受け止められないこと、多くのスタッフがアーリントンにある選挙本部の床にへたりこんでいることを伝えていた。選挙本部が不正投票通報用に設けたホットラインが鳴りっぱなしなのだが、受話器を取ってみると、多くの電話がトランプの負けをあざ笑ったり、こきおろしたりする内容で、あきらかに組織的な人海戦術による電話攻撃になっていて、対応するスタッフが疲労困憊しているのだ、ということだった。

バイデンとハリスの勝利演説が始まる頃になると、さすがに一番街のクルマのクラクションも静かになっていた。

トランプが負けた一日が終わろうとしていた。

トランプのプライベートヘリ、売り出しに

トランプ大統領がジェット機やヘリコプター好きであることは広く知られている。トランプを米全国区の人気者に押し上げたNBCの番組『アプレンティス』もTRUMPマークの付いた自家用ジェットや自家用ヘリからマンハッタンを眺めるシーンが印象的で、「億万長者トランプ」のイメージを決定的にした。今年の選挙運動でもトランプ大統領は集会を空港で開き、ステージの背景にはつねに大統領専用機エアフォースワンを配置し、富と権力の象徴として利用した。

そのドナルド・トランプ所有のプライベートヘリ一機が売りに出されている。

機体は一九八九年米国シコルスキ社製S－76B。二〇一六年の大統領選挙に使われた。六人用の豪華なチェアーにアフリカ・マホガニーのドリンク・キャビネットやテレビモニターなどがついていて、パイロットは一人。飛行時間は六千二百五十九時間でN76DTのコードネームがついている。

機体はトランプ・オーガニゼーションのイメージカラーである黒地に赤のストライプが描かれていて、塗り直す前には〈TRUMP〉の名が大きく書かれていた。アエロアセット社の売買カタログに掲載されているが、価格については記載がない。二〇一六年には約八十七万五千ドル（約九千六百二十万円）相当だった。トランプ大統領自身は二〇一七年に大統領に就任して以降、この機体は使っていないが、「トランプ」ブランドの付加価値を含めると百五十万ドル（約一億五千七百万円）以上の値がつくと予想されている。

トランプ・オーガニゼーションは三機のS－76B型機と数機のプライベートジェットを所有している。

このプライベートヘリは八月に売りに出されたもので、トランプ陣営の選挙運動資金が枯渇したため、売却するのではないか、と取りざたされていた。バイデン候補の当選確実以降、選挙の不正を訴えるトランプ陣営は、毎日のように裁判費用のドネーションを呼びかけていて、このヘリの売却益も、訴訟費用の一部となるとみられている。

「投票は不正だ」――トランプの反撃が始まった

選挙結果を固唾をのんで見守った多くの人びとは、当選確実となったバイデン、ハリスが勝利集会で見せた品位に満ちた振る舞いと、「団結」を呼びかける演説に、さわやかな風を感じた。しかし、トランプ大統領の反撃は静かに始まった。

共和党院内総務ミッチ・マコーネル上院議員は十一月九日、「投票は不正だ」という大統領の主張に全面的に賛同し、票の再集計と訴訟を支持する立場を鮮明にした。共和党の上院議員でもバイデン勝利を受け入れた者はほとんどいなかった。トランプ大統領が「ペンシルベニアでは監視団は集計を監視することを阻止された」など、「選挙は不正だ」とツイートし続ければ、トランプ続投に票を投じた人たちはその主張を支持し続ける。

新聞もテレビも「不正の証拠がない」というが、この四年間、大統領が支持され続けたのは、トランプが「事実」を語るからではなく、それが事実かどうかなど関係なく、もっと「大きな物語」を語り続けたからだった。二〇一六年の当選直後から語り続けているのは「米国民をだまし続けてきたワシントンの既成エスタブリッシュメントの象徴である民主党は、自分をあらゆる手段でおとしめ、権力の座から追い落とそうとしている」という物語で、この物語は四年間一貫してトランプ支持者の心をとらえていた。トランプ大統領がこのところ二日も続けてゴルフに行ったのは、意気消沈していたからではなく、「大統領の日常」が続いていることを支持者に見せつけるためだろう。

では「不正の事実」はどう証拠だてるのか。

同じ十一月九日、バー司法長官は不正投票の訴えを捜査するよう、連邦検事局に指示した。司法省は選挙結果には不介入の姿勢をとることが米国の長い伝統だったが、バー長官は、選挙の最終結果が出る前に捜査を完遂することを指示しており、検察への指揮権発動ということになる。

この方針に異議を唱えた司法省選挙犯罪部のリチャード・ピルジャー部長は即刻辞表を提出した。

トランプ政権の四年間は、政府の構造そのものを、大統領権力に歯向うことのできないような専制的な仕組みに作りかえることだった。それには連邦最高裁を頂点とする司法機構を大統領個人に忠誠を誓う組織に変え、機構のトップを大統領個人に尽くす人間にすげ替え、公務員の任免権を手中に収め、地方政府を弱体化し、選挙の規則を変え、憲法を権力に都合のいいように拡大解釈する余地を作ることが必要だった。そしてトランプ大統領は三人の連邦最高裁判事をみずからの手で任命し、ロシア疑惑の追及に介入することを拒んだセッションズ長官を解任してバー司法長官をトップに据え、大統領の意向を常に忖度させ、また選挙前から「選挙は不正だ」と言い募って「大きな物語」の続きを語りながら選挙後の訴訟への流れをつくった。

これは、ロシアのプーチン大統領が二十年の年月をかけて作ってきた「垂直化された権力」の手法そのものだ。形式上は「民主主義」の形をとりながら、その実「専制政治」に近い統治手法だ。

三権分立を保っているように見せかけながら、大統領と立法府が同じ党派による一致した利害によって掌握され、閣僚、公務員の人事権を握ると同時に「垂直化した忠誠」によって司法、行政、立法を結び付け、政治権力を独占していく。米国ではそれが、ロビー集団によるカネの力と〈選挙人制度〉という独特の大統領選出制度と、利潤によって動くメディアと、大統領への権力の集中という米国独特の特徴をまとってあらわれたのがトランプ政権の四年間だった。

マコーネル共和党院内総務とバー司法長官の動きは、この「第一期トランプ政権」が作り上げた「米国的専制体制」の強さを語るものになるかもしれない。

トランプ大統領の反撃は始まったばかりだった。

コメンテーター、続々政権移行チームへ

リベラルな論調で知られるニュース専門チャンネルMSNBCは、十一月十日、二人の契約コメンテーターがバイデン次期大統領の政権移行チームに入るため、契約を解消したと発表した。MSNBCの司法コメンテーターをつとめていたミシガン大学ロースクールの教授は政権移行チームの司法省レビューチームに、そして政治コメンテーターはグローバル・メディア局のレビューチームに入った。

政権と企業との距離が近い米国では、ウォールストリートのCEOが政権の要職についたり、大学教授が大統領補佐官に就くことはめずらしくない。メディアと政権の関係でも、報道官が辞めてすぐにテレビのキャスターになったりすることはよくある。だからMSNBCの契約コメンテーターの移行チーム入りそのものは驚くことではないのだが、その発表のしかたとタイミングには問題が残った。

もともとMSNBCでは、番組に出る契約コメンテーターには特定の候補者への支持を明言することを禁じているし、NBCも契約コメンテーターを含むすべてのスタッフに特定の政治キャンペーンのために働くことを認めていない。

ところが、十一月九日の『ニューヨークタイムズ』は、MSNBCとNBCで契約コメンテーターをつとめていた作家ジョン・ミーチャムが、十一月七日夜にバイデン候補がウェルミントンで行った勝利演説の作成に深く関わっていたことを伝えた。ミーチャムはジェファーソンやアンドリュー・ジャクソン、ブッシュ（父）など何人もの大統領の伝記を書いて高い評価を受けている作家だが、バイデンが勝利演説で触れた「アメリカの魂の再建、国民のバックボーンであるミドルクラスの再建」などの箇所は、ミーチャムの著作『アメリカの魂』から取られたコンセプトと言葉で、スピーチライターの相談にも乗っていた。しかも七日のバイデン勝利宣言の日も、そのスピーチに関わったことを視聴者には一切公表せずにMSNBCの番組に出演し続けていた。

二人のコメンテーターの契約解除はこの記事の翌日にあわてて公表された感がある。

MSNBCからは医療コメンテーターもバイデンの新型コロナウイルス・タスクチーム入りが決まっている。

保守派からはCNN以上に「民主党寄り」だと批判されてきたMSNBCも、バイデン当選が決まってからは全国民の「宥和」と「癒し」を強調しているけれども、三人の契約コメンテーターが政権移行チームに移り、もう一人が勝利演説の作成に関わっていたというのは、トランプ側からしてみれば、党派性むき出しのテレビ局に見えるだろう。

「フォックスは金のガチョウを忘れている」

「フォックスの昼間の視聴率はガタ落ちだ。週末の昼間はもっと悪い。こんなことを見るのは悲しいが、彼らを成功に導いたのは誰だったかを忘れている。彼らは金のガチョウを忘れている。二〇一六年の選挙と二〇二〇年の選挙の一番の違いはフォックスニュースだ」――ホワイトハウスに籠るトランプ大統領が、立て続けにツイッターに投稿しフォックスニュースを批判した。トランプ大統領はフォックスが他局に先駆けてアリゾナ州のバイデンへの当確を打ち、撤回を拒んだことを深く恨んでいて、フォックスの当打ちデスク、ミーシュキンを狙い撃ちして非難の集中砲火を浴びせている。

フォックスの視聴率についてはトランプのツイートは「フェイク」で、先週の昼間の視聴数は三百二十万人、プライムタイムは五百九十万人と好調だ。しかし、コアなトランプ支持者たちはフォックスよりさらに過激なチャンネルへとシフトしていっている。

そのひとつがニューズマックスTVだ。ニューズマックスTVは二〇一四年六月に放送を開始した、ニューヨークに拠点を置く二十四時間のニュース専門ケーブルチャンネルで、二〇一九年には七百五十万のリーチを達成した。放送開始当初から「保守派の最右翼メディア」を自認し、常にフォックスを意識し、フォックスニュースから多くのMCやリポーターを引き抜いてきた。首席戦略官だったバノンも常連だったが、二〇二〇年三月にはトランプ政権の最初の報道官だったショーン・スパイサーをMCに据えたニュースショーをスタートし、選挙戦でも常にトランプ大統領を応援してきた。

夏には二万五千人だったニューズマックスTVの視聴数は、選挙前の最終週には六万五千人まで増えた。

フォックスと比べればわずかな数だが、なかなか当選者が決まらなかった大統領選挙の週には十八万二千人まで視聴数を増やし、十一月九日は三十四万七千人、そして十日には四十三万七千人と激増し、夜七時からの『グレッグ・ケリー・リポート』は八十万人を獲得した。バイデンを「次期大統領」と呼ぶフォックスニュースへの反感と怒りがトランプ支持者をニューズマックスTVに向かわせているようだ。

ニューズマックスTVはもともと自力で開票速報を出していないので「当打ちデスク」を置いていないのだが、「自分たちは選挙の勝者を決めていない」という姿勢を売りにしている。十一月十一日の『グレッグ・ケリー・リポート』にはトランプ陣営の選挙運動アドバイザーが出演し、「われわれはバイデンが次の大統領になるのを阻止しなければならない」と発言した。

この日の平均視聴数はニューズマックスTVが四十三万七千人に対して、フォックスニュースは百八十六万人と、フォックスニュースが最強のメディアであることに変わりはないが、より刺激的な〈オールタナティブ・ファクト〉を求めるトランプ支持者は、中毒患者がより強い刺激を求めるように、バイデンの勝利を認めず、トランプ政権の二期目を語るなど、ニュースが現実離れしたものであればあるほど、そちらに傾いていくようだ。

こうした中、トランプ大統領自身がデジタルメディアを興してフォックスに対抗しようとしている、とニュースサイト『アクシオス』が伝えた。大統領の目的は「フォックスニュースを打倒すること」だという。アリゾナ州でのバイデンへの当確打ちで、トランプはフォックス打倒を決心したようだ。「大統領はフォックスをつぶそうとしている。間違いない」――複数の大統領補佐官がそう語った。

詳細はまだ不明だが、トランプ大統領は、デジタルメディアチャンネルを創設し、月額課金でオンライン配信する計画だという。トランプ陣営は選挙運動で膨大な個人データを収集していて、ことに携帯電話番号はテキストメッセージを送るためには価値が高い。トランプ陣営としては、バイデンの不正投票を訴える大規模集会を選挙期間中と同じように開催し、その集会でフォックス潰しを訴えかけていく計画だ。

トランプは自分で自分を恩赦できるか？

十一月の第四木曜日は感謝祭だ。この日は日本のお正月のようなもので、家族や親族、友人が遠方から集まって、みんなで食卓を囲む。たぶん、米国でいちばん大切な家族の行事だ。

もともと感謝祭は英国から一六二〇年に新大陸に移住してきた最初の植民者ピルグリム・ファザーズが厳しい冬に多くの犠牲者を出しながら、ネイティブ・アメリカンたちの教えを受けて翌年の秋の収穫を迎え、その収穫を祝って神に感謝をささげ、先住民を招いて宴を催したのが始まりと言われている。移民の国アメリカは今年、ピルグリム・ファザーズの植民からちょうど四百年を迎える。

感謝祭には詰め物をした七面鳥を家族や友人と食べるのだが、感謝祭の朝、ホワイトハウスでは大統領が二羽の七面鳥に恩赦を与えるという行事が毎年行われている。

米国大統領は、七面鳥だけではなく、任期の終盤に大規模な恩赦を実行するのが恒例になっている。その権限はほぼ無限大で、あらゆる範疇の刑罰に対して恩赦が可能なうえ、司法による見直しは行われない。議会もそれを阻む権限はない。

一九七七年にはフォード大統領が、戦時中、日本から対米宣伝放送を行い、国家反逆罪で禁固十年を受けて服役し、市民権を剥奪されていた日系米国人「東京ローズ」に恩赦を与え、市民権を回復させた。

これは任期終盤ではないけれど、同じくフォード大統領は一九七四年九月にウォーターゲート事件で訴追直前のニクソン前大統領に恩赦を与え、罪に問われる可能性を無くした。

さて、トランプ大統領はこれまでも自分の友人や利害関係者に刑の減免を行ってきたため、任期最後の恩赦では家族から側近にいたる極悪非道な人物まで、自分の得になると思った者には恩赦を与えるのではないか、と憶測されている。

ただ、ほとんど無限大の権限のなかでも、唯一与えることができないのが、自分自身への恩赦である。しかし、トランプ大統領は二〇一八年六月、ツイッターに「多くの法学者が言うように、わたしは自分に恩赦を与える絶対的権利を有している。でも何も悪いことをしていないのに、どうして恩赦などするだろうか」と投稿し批判を招いた。司法省は一九七四年に「大統領は自らを恩赦できない」と明確に規定しているからだ。

ロシア疑惑から大統領の職権を利用した蓄財、外国銀行への違法な送金と裏口座の存在まで、叩けば埃の出そうなトランプ大統領としては、訴追から逃れるには、大統領職にとどまり続けるか、自分に恩赦を与えたうえでホワイトハウスを去るしかない。

だが、恩赦の可能性は一つだけ残っている。

任期前に大統領職を辞し、ペンス副大統領が残りの短い任期を第四十六代大統領職として継いだ後で、ペンス大統領によって恩赦を宣言してもらう方法だ。大統領を辞任したのはこれまでにニクソンしかいないが、永遠に連邦検察局の追及を逃れるためには、あえて任期前に職を辞すしかない。

いまだに選挙での負けさえも認めていないトランプ大統領だが、この四年間、常識外れの政権運営を続けてたどりついた土壇場で、どんな手をくりだすのだろうか。

「トランプを無視する時が来た」――投書は訴える

『ロサンゼルスタイムズ』（十一月九日）に読者からのこんな投書が載った。

近年の米国選挙史上ではもっとも耐え難い一週間が過ぎ、コメンテーターたちは、今度はトランプ大統領がバイデンに負けを認めるか云々に浮き身をやつしている。認めるか？　認めないか？　認めたらどうなるのか？　認めなかったらどうなのか？

わたしには、トランプがこれ以上この国にダメージを与えない限りは、トランプが何をしようがどうでもいい。

メディアにお願いする。トランプはもう片隅の記事にしておいてほしい。いちいち何がどうしたとか、ゴルフに行ったとか、こんな酔狂なことをしたとか、ツイートをしたとか、報道しないでほしい。馬鹿なウソをついたり怒りを発することをトランプに楽しませないでほしい。癇癪を起して注目された幼児はお行儀の悪いことを続けるものだ。いじめて注目を集めたいじめっ子は止まらなくなる。保守派のメディアにやらせておけばいい。お願いだから、きちんとしたニュースを報道してください。

バーモント州アーシンズ在住、ローリー・インデンバウム

ローリーさんの言うことはもっともだ。「分断、分断」と言うけれども、メディアの注目を集めること

が唯一の仕事のような大統領の一挙手一投足を、性懲りもなく「事実vs嘘」、「現実vs空想」の二元論のなかで断じて報じることで、トランプの言説が意義を持つ別次元の政治的空間を作り上げてしまった責任の一端はメディアにある。メディアもリアリティショー『アプレンティス』の続きをトランプに求めたのだ。だから、トランプ大統領にとっての最大の打撃は無視されることだ、というのはたぶん当たっているだろう。

でも、「大統領」という前に、六度の破産を経験し、二十六人の女性からセクハラで訴えられ、四千を超える裁判を抱え、三億ドル（約三百十五億円）を超える借金を抱える人物は、それだけで「巨大なスキャンダル」だし、ましてやその人が七千万人を超える米国有権者に支持されているとすれば、これを取り上げないわけにはいかないのが、メディアというものだ。

「トランプ現象」というのは、政治的な立場や発言を支持するかどうかは別にして、メディアの時代が生んだ現象であるだけでなく、「俗情との結託」というメディア自身の陶酔と陥穽そのものであると言えるだろう。

政権移行期間の危うさ

米国戦後外交史の中での最大のトラウマのひとつは一九七九年十一月にイランの首都テヘランで起きた米国大使館人質事件だ。五十二人の米国外交官、海兵隊員、そしてその家族が、暴徒化して米大使館に侵入したイスラム法学校の学生たちに人質に取られ、解放まで四百四十四日を要した。事件はカーターとレーガンの激しい選挙戦の一年全体を通して展開し、事件の大詰めは政権移行期間に重なり、人質解放の日は、カーター政権を一期で終わらせたレーガン大統領の就任式の日と重なった。この事件で決定的な対立に入った米国とイランは、その後四十年にわたって、敵対関係を続けている。

リビアによるパンナム機爆破事件が起きたのは、レーガン大統領から、レーガン政権の副大統領で、選挙を勝ち抜いたブッシュ（父）への移行期間、一九八八年十二月二十一日だった。これはパンアメリカン航空一〇三便がロンドンのヒースロー空港を離陸して四十分後、積んでいた貨物コンテナが爆発して機体は空中分解し、乗客乗員二百五十九名と、機体が落ちて大爆発したスコットランドの住民十一人が犠牲になった事件だ。スパイ映画さながらの捜査によって、爆弾の部品からカダフィー大佐率いるリビアの関与が浮かび上がり、国連安保理はその後リビアに制裁を決議することになる。

政権移行期間は、不安定で、空白が生まれやすい。今でも海外各地で戦争を続けている米国にとっては、もっとも危険な期間だ。

しかもトランプ大統領は十一月九日、ツイッター人事でエスパー国防長官をクビにし、現在米国には国防省のトップがいない。

そうした中、十一月十二日、ホワイトハウス上級顧問らとの会合で、トランプ大統領はイランの核施設に近日中に攻撃をしかける可能性を示唆し、意見を求めたという。その席ではペンス副大統領もポンペオ国務長官も「イランへの空爆はさらに広範な紛争へと広がる」と警告し、攻撃は見送られたという（『ニューヨークタイムズ』十一月十六日）。

イランのナタンズ核施設はＩＡＥＡ（国際原子力機関）の査察を妨害しているが、二千四百四十二キロの低濃縮ウランを保有していて、核爆弾二個が作れる。イスラエルはこのイランの核を中東最大の安全保障上の脅威とみなしている。

しかしもとはと言えば、二〇一七年の大統領就任早々トランプが多国間で結ばれていたイラン核合意から一方的に離脱したことが、不安定化の原因だったはずだ。

南沙海域で大規模な演習を行い、台湾海峡で挑発を繰り返す中国海軍や、新たな長距離弾道ミサイルを開発したといわれる北朝鮮、そして米軍の介入によって混乱に拍車がかかるアフガニスタンやシリアにとっても、いわば二重政権状態となっていて、協力体制がまったく取れていない移行期間の米国は、迷走して隙だらけだ。

ロシアのプーチン大統領も、北朝鮮の金正恩委員長も、いまだにバイデンに祝意をあらわしていない。

10 幻想のトランプ王国――十一月-十二月

「クラーケンを解き放て！」

十一月十三日の金曜日、フォックス・ビジネスネットワークに出演した弁護士シドニー・パウエルは、トランプの調査チームは不正投票の大量の証拠をもっていて、選挙結果を覆すために、その証拠を公にする計画がある、と語った。元国家安全保障補佐官マイケル・フリンの顧問を務めるパウエル弁護士は「何十万と言う不正な票がある。トランプ大統領は今回の選挙で地滑り的勝利を得ているのだ」と述べ、選挙の不正はシリコンバレーの巨大企業やSNS企業、メディアによって入念に準備され実行された、と語ったあと、こう言い放った。

「わたしはクラーケンを解き放つ！」。

このパウエルが出演したインタビュー映像は瞬く間にツイッターとユーチューブを席巻し、四日間で百三十万ビューを記録した。そして「クラーケンを解き放て！」は陰謀論を唱えるネットのトランプ支持者たちの合言葉となっている。

〈クラーケン〉とは北欧の伝説に伝わる海の巨大な怪物で、船を転覆させて海に引きずり込むと信じられていて、オオダコやクジラの姿で描かれることが多い。

トランプ支持者たちによれば、今回の選挙では、激戦州で「ドミニオン投票システム」という集計機械が使われていて、これはベネズエラのチャベス大統領が選挙で不正を行うのに使ったのと同じ機械で、世界中でこの機械を使って不正が行われているのだと言う。〈クラーケン〉はバイデン陣営の不正をあらわにする巨大な証拠なのだ。

ツイッター社やフェイスブック社は、パウエル弁護士のこの発言はガイドラインに抵触しないとして、野放しのままになっている。そして右翼のメディア活動家たちは映像とともにこの合言葉を拡散している。たとえば、新型コロナウイルスはリベラル左翼とシリコンバレーとグローバル・エリートたちが作り出した支配のための道具だとプロパガンダし続けているインターネット右翼活動家オースステン・フレッチャーは「パウエルは素晴らしい女性だ。〈クラーケン〉が解き放たれた時、真実を求めていたのは誰だったのかを、アメリカは理解するだろう」と語っている。

見た者は誰でも海の中に引き込まれるという怪物〈クラーケン〉は、はたしてその姿をあらわすのだろうか。

「感謝祭をどう過ごすか」にも政治的分断

十一月十八日には千八百六十九人が新型コロナウイルスで死亡し、全米での死亡者が、二十五万人を超えた。最初の死者が出たのは二月二十九日とされている。十一月に入ってからの二週間は毎日の新規感染者数が十万人を超えている。十七日の全米での新規感染者数は十六万一千九百三十四人。入院患者総数七万六千八百三十人はこれまでで最多となった。日本での十一カ月間の感染者数をわずか一日で超える計算になる。

ロサンゼルスはまたしても夜間外出禁止が発令され、感染率三パーセントを超えたニューヨーク市では、二カ月前にようやく再開した学校が、十九日からふたたび閉鎖となり、リモート学習に戻る。

死者数が五万人を超えたのが四月二十五日、十万人を超えたのが五月二十七日、十五万人となったのが七月二十九日、そして二十万人を数えたのは九月二十二日だった。その九月二十二日には全米の感染者数は六百九十万人だったが、十一月十八日には一・六倍の一千百五十万人を超えた。

南北戦争の四年間の死者が五十万人、第二次大戦の死者がこれも四年間で四十万人だったことを考えれば、新型コロナウイルスは歴史的な厄災だ。

製薬会社二社がワクチンの効果を九五パーセント以上と発表し、緊急使用許可を申請しているが、保健福祉省によれば、二〇二〇年末までには医療従事者を中心に二千万人（四千万回）へのワクチン接種が可能となる。ファウチ博士によれば、健康な人がワクチン接種を受けられるのは早くても二〇二一年四月から七月になるだろうという。もし、そうなれば、秋からは感染前の状態に戻ることも可能かもしれない、とファウチは希望的に語った。

一方で、まもなくやってくる家族や友人で集まるのが伝統の感謝祭の連休について、ファウチ博士は、「家族の元へ行くかどうか、二度、じっくり考えてほしい。楽しいはずの団欒も、ことに老人がいる場合にはコロナ拡散のホットスポットになりかねない」と警告を鳴らした。

これに対し、ホワイトハウスのマケナニー報道官は、「専門家のガイドラインはジョージ・オーウェルの描く管理社会の世界だ。この国では自由を失いたくない。健康は個人の責任だ。わたしたちはもうこのウイルスと何カ月も付き合ってきて、身の守り方はわかっている。オレゴン州のように、六人以上で集まったら、家を強襲されて逮捕され、三十日の牢屋入り、というのはジョージ・オーウェルの世界だ。それはアメリカ的ではない。家族と一緒にいるかどうか決めるのは個人の問題だ。それがアメリカのやり方だ。それが自由と言うものだ」と述べて、政府としての方針を出す計画はないことを明らかにした。

――というよりも、トランプ政権は、六月以降、「対策」と呼べるようなコロナ対策をなにひとつ打ち出していない。経済再開へと舵を切り、V字回復した経済を背景に選挙を勝ち抜く、というのがトランプ再選へ向けた戦略だったからだ。感染対策は各州知事まかせで、トランプ大統領は、タスクフォースチームの会合に出席することも、メンバーから意見を聞くことも、もはやないと言う。死者数が二十五万人を超えたこの日も、哀悼の意をあらわすことも、今後の指針を示すこともなかった。

過激なトランプ支持者たちから熱狂的な支持を受けているラジオ・パーソナリティ、ラッシュ・リンボーは「伝統的なサンクスギビングの祝日が左派リベラルによって攻撃にさらされている。彼らは新型コロナウイルスを脅しに使って、われわれの、なくてはならないアメリカ的祝日を無きものにしようとしている」と述べ、マスクを拒否し、経済を軌道に乗せ、伝統の感謝祭を自由に家族と祝うことが、リベラル派の仕掛ける陰謀に打ち勝つことだと力をこめて語った。

もし大統領から電話がきたら？

ミシガン州ウェイン郡はデトロイトを含む大都市圏だ。ミシガン州では、バイデン候補がおよそ十五万票の大差をつけて、トランプ大統領を破っている。僅差ならともかく、これだけの票差を覆すことはできない――と思うのは勝利への執着心が足りない証拠で、トランプ大統領はこの大差さえ「無かったこと」にしようとしていた。

十一月十八日ウェイン郡の二人の選挙委員会メンバーが、一度認めた「選挙結果証明」を撤回したい、と委員会に申し出た。二人は共和党員の女性と男性で、ウェイン郡の委員会を構成する四人のメンバーのうちの二人だ。そのうちの女性は、撤回の理由を「選挙結果証明を承認したのは、民主党から不当な圧力をかけられたためだ」としている。

米国では選挙後に、各選挙区の選挙委員会メンバーが集まり、選挙結果証明を認める投票をした後で、署名がされ、正式結果となる。これまでの選挙ではそのプロセスは形式に過ぎなかった。

この女性によれば、選挙委員会の承認会議があった十七日は、自分たちを「人種差別主義者」だと叫んで威嚇する活動家たちが建物を取り囲み恐怖を感じたという。

ところが、その日の夜、トランプ大統領みずからが、この二人に電話をしていたことが明らかになった。女性は『ワシントンポスト』にこう話している。

「十七日の晩遅く、トランプ大統領から電話をもらいました。（選挙結果証明の承認票を投じた）委員会の後です。大統領はわたしたちへの威嚇があったと聞いて、身の安全を案じてくれました」。時間は二分ほどで、大統領の電話からは結果証明への態度を変えろという圧力は感じなかった、という。「大統領はわたしの安全のことだけ心配していました。感動しました。忙しい人なのに、わたしのことを心配してくれるなんて」。

二人は大統領の電話の翌日、承認の撤回を申し出た。

もし、二人のメンバーの「選挙結果証明」が撤回されれば、ウェイン郡での選挙結果は確定せず、当選者は未定となる。その場合、共和党が多数を持つミシガン州議会が十六人の選挙人を決める権利をもつことになる。

選挙委員会の副委員長（民主党）は「手続き的には証明結果が州務長官に送られているので、もう遅い。二人は意思を覆すことはできない」と語っている。

しかし、トランプ大統領はペンシルベニア州、アリゾナ州、ジョージア州でも同じように「選挙結果証明」を認めないよう、選挙委員会メンバーに指示する方針だ。トランプ陣営が「不正投票」の証拠を示さないまま、バイデン当選の選挙結果が確定できないままになる可能性も浮かんできている。

死に物狂いの権力闘争

「米国のような民主的な社会の国でも独裁支配は成立しうる。人は指導されていたいという欲望と、自由でいたいという欲望にとらわれているからだ。大統領を選んだのは自分たちなのだ、と考えることで、人びとは支配されていることに慰めを見出す」――フランスの政治学者アレクシ・ド・トクヴィルがそう書いたのは一八三五年のことだった。トクヴィルは、米大統領制度を賞賛しながらも、再選の仕組みについては激しく批判している。いわく、再選をめざす大統領にとっては「選挙」だけが関心事で、外交も法律も、選挙に直結したものにすぎず、再選欲が大統領の心を支配すると、個人的利益が国の利益にとって代わる。再選は選挙制度の腐敗を拡大し、いっそう危険なものにする（『アメリカにおけるデモクラシー』第一巻第八章）。

トランプ大統領は九月のペンシルベニア州ミドルタウンの集会で、自分はかならず勝つ、選挙で、あるいは連邦最高裁で、あるいは下院で勝つ、と支持者に向かって語った。「最高裁まで持ち込みたくはない。議会までもつれさせたくはない。わかるだろう?」。トランプ陣営は、すでにこの時点で、あらゆる権力機構をとことん利用してでも勝利する方策を研究していた。

モンマス大学の十一月十八日の世論調査によれば、バイデンが勝利したとみなしている人はわずか六〇パーセントにすぎず、三二パーセントはバイデンが勝ったのは不正の結果だと考えている。トランプ支持者では七七パーセントがバイデンの不正を信じている。

「バイデン陣営は大掛かりな不正を行って選挙結果を盗んだ」というトランプ大統領の主張に証拠があろうがなかろうが、あらゆる手段と制度を使ってそう言い続ける限り、トランプが「負ける」ことはない。「コンセッション」（負けを認める声明）は米政治史上の慣習ではあっても、法律上どこにも規定はない。

いまトランプ大統領が行っているのは、クーデターや茶番ではなく、さまざまなシミュレーションを重ねてきた、権力機構と法律を総動員した死に物狂いの権力者の闘争だ。たとえ二〇二一年一月二十日にホワイトハウスから追い出されようとも、トランプは「選挙で不正を行ったバイデンが不当に権力につくのだ」と言い続けるだろう。そして七千万人を超える支持者はトランプを支持し続けるだろう。

「永遠の虚構」に基づいて主張される権力の「正統性」は許されるのだろうか――と言う道徳的な問い自体が、もはや分断化した米国では意味を持たなくなっている。

四年磨いた「ウソを売る技術」

「大事なことは他のコミュニティを監視することだ。この選挙が盗まれないように。この選挙が盗まれないことを望む」トランプ大統領は大勢の支持者に向かってそう話した。

そしてこうツイッターに投稿した。「この選挙は、○○を推すウソつきで歪んだメディアによって絶対に不正が行われている。多くの投票所においても」。

また、トランプの顧問弁護士を務めるジュリアーニ元ニューヨーク市長は、こうツイートしている。

「死んだ人たちが民主党に投票する。フィラデルフィアやシカゴの選挙が公平だと言うのか?」。

最初の発言は、十月十日、ピッツバーグでの演説。二番目は十月十六日のツイッターへの投稿。ジュリアーニの投稿は十月十七日。――ただし、○○に入る名前は「ジョー・バイデン」ではなく「ヒラリー・クリントン」だ。

実は、この三つの発言は四年前の二〇一六年の大統領選挙直前のものだ。

「選挙で大規模な不正があり、メディアは民主党の不正に加担している」というのは、なにも今回の選挙でトランプ陣営が目新しく持ち出した非難ではなく、四年前とまったく同じ難癖だ。ただし、二〇一六年の選挙前にはさかんに不正を言い立てていたトランプ陣営も、選挙人の数で勝利し大統領に就任したため、選挙後に「不正」を追及することはなかった。

当時はこうした発言から距離を置こうとする共和党幹部も多かった。しかし、二〇一八年の中間選挙では、多くの共和党議員が、この「虚構」を利用し始めた。二〇一六年にトランプと共和党の予備選を争ったマルコ・ルビオ上院議員は、「民主党の弁護士たちが選挙の結果を変えた」と言い張り、ポール・ライアン前下院議長も、証拠を示さないまま、カリフォルニア州で多くの不正があったと発言した。当初は共和党票が優勢だったのに、なぜか民主党票が増えたと主張し、こう述べた。「開票当日は多くの選挙区で共和党候補が勝っていたのに、三週間後にはカリフォルニアのほとんどの議席を失っていた」。

トランプ大統領に投票した七千三百七十万人の七割以上が、「バイデン陣営は選挙で不正を行った」と信じているのは、トランプ陣営の宣伝に惑わされているわけではない。トランプと共和党が、この四年をかけて「民主党は選挙で不正を行っている。ことに郵便投票、不在者投票は大規模な不正の温床だ」という宣伝を、地方選挙も含めれば、耳にタコができるほど繰り返してきた結果なのだ。

トランプの個人弁護士を長く務め、トランプの事業にまつわる経済犯罪で有罪判決を受けたマイケル・コーエンは二〇一九年二月、下院公聴会に呼ばれ、「自分の経験から判断する限り、トランプは二〇二〇年の選挙で敗れても平和的な政権移行はありえない」と証言したし、民主党のペロシ下院議長も、トランプが僅差で敗れた場合、ホワイトハウスを明け渡さない危険性について、早くから警鐘を鳴らしていた。

ペロシ下院議長は「トランプを排除するには、民主党候補が圧倒的な勝利を収めるしかない」と言っていたが、バイデンとトランプの差は六百九十万票、四・五パーセントだった。

虚構によるプロパガンダは「ウソを売る技術」と言われるけれども、「売るウソ」は喜んで買ってくれる人があってこそのものだ。この数字は、この四年間、共和党とトランプ政権が「ウソを買う人びと」を上手に育て上げてきた結果だとも言えるだろう。

現実をすくいきれない二大政党制

バイデン次期大統領は現職トランプ大統領に六百九十万票あまりの差をつけたが、趨勢を決めた接戦州アリゾナ、ジョージア、ネバダ、ウィスコンシンの四州の二人の得票差を足し上げると、七万六千七百票となって、アメリカンフットボールのスタジアムにすっぽりと収まる。スタジアムひとつの観客数が超大国アメリカの大統領選を決したのだ。

二〇一六年の選挙でも、トランプ候補がヒラリー・クリントン候補を上回った激戦州、ペンシルベニア、ウィスコンシン、ミシガンの三州の差は七万七千七百票で、やはりひとつの競技場に収まる。

この二回の大統領選挙では米国人口の〇・〇二五パーセントで勝敗が決していることから見ても、この国がいかにまっぷたつに分断されているかがわかるだろう。

しかし、いまから三十年前の一九九〇年以前はこうした「分断」はそれほど顕著ではなく、十ポイント以上の得票率の差がつく大統領選挙もたくさんあった。

それが、一九九二年のクリントン大統領以降は、すべての大統領選挙での得票率の差は十ポイントを切る接戦となっている。保守的共和党とリベラル民主党の亀裂は、この三十年の間に修復不可能なほどに固定化されてきたといえるだろう。

しかもバーニー・サンダースの躍進以来、民主党のなかでも急進左派と穏健派との溝はますます開いてきており、バイデン次期大統領がどこに軸足を置いても、双方から不満の声が上がるのは確実で、「トランプを倒す」と一点でまとまった民主党を政策的にまとめていくことは難しい。

米国の政治的伝統の二大政党制は、共和、民主両党の穏健中道派の広範な連携を困難にしていて、現実をすくい切れていないばかりか、政権維持のためにはますます分断を広げていく、民主主義の鬼っ子になっているようだ。

「選挙は不正」は、あこぎな資金集め？

バイデン次期大統領の政権移行チームへの機密情報のブリーフィングも始まり、国務長官、財務長官など次期主要閣僚も続々と発表された。

トランプ側が「選挙に不正があった」として仕掛けている法廷闘争も、ジョージア、ミシガン、ネバダ、ペンシルベニアなど接戦州で次々と敗れ、これまでのところ、一つの訴えに勝っただけで、残りの三十九の訴えはすべて退けられている。また十一月三十日にはアリゾナとウィスコンシンが選挙結果を承認したことで、バイデンが十二月十四日に当選に必要な選挙人数を獲得することが確実になった。

そして、トランプ大統領の懐刀ウィリアム・バー司法長官もついに、「選挙結果を変えるほどの規模の不正は見つかっていない」と発言した。選挙直後に、あらゆる投票不正のクレームを捜査せよ、と異例の指揮権発動をしていた司法長官のこの発言は、トランプ陣営にとっては敗北宣告に等しい。バー司法長官は、この発言の直後、大統領陣営から猛反発を浴びた。

選挙後に「選挙は公正に行われた」と発言してトランプ大統領から即座に解任されたサイバーセキュリティ・インフラ安全局のクリス・クレブス前局長も、十一月二十九日CBSテレビの番組に出演し、「トランプは選挙の信頼を失わせ、人びとを混乱させ、民主主義を危険にさらそうとしていた。しかし、投票を覆す外国の妨害もなければ国内からの妨害もなかった。選挙はうまくいった。万全な選挙だった」と語り、選挙結果を認めないトランプ大統領を非難した。

これに対し、トランプ大統領は即座にツイッターに投稿し、「笑止千万だ。二〇二〇年の選挙は、集票機械から不正な郵便投票まで、これまででもっとも不正な選挙だった」と非難を返した。

さらにトランプ陣営の選挙運動の顧問弁護士も、最近視聴数を爆発的に伸ばしているニューズマックスTVに出演し、「選挙がうまくいったなどと考えるあのバカ者のクレブスはA級の気ちがいだ。引きずり出して八つ裂きにすべきだ。夜明けにひっぱりだして銃殺にすべきだ」と発言した。フォックスよりも右のメディアでは発言が過激であればあるほど話題となり、視聴者に受ける傾向がある。

選挙結果を覆すことが絶望的な中、トランプ大統領がなおも「選挙の不正」を訴え続ける理由は、カネだ、と見られている。

トランプ陣営は、〈選挙防衛ファンド〉というPACを立ち上げ、投票日以降一カ月たらずで、すでに一億七千万ドル（約百七十八億円）を集めている。選挙前にトランプ陣営のウェブに登録した支持者には毎日のように「あなた方の支持が必要だ。献金が必要だ」というメッセージが届き、集まった基金の大部分は、選挙の不正を信じるこうしたトランプ支持者からの小口の献金だ。

表向きは「不正な選挙と戦う運動資金」とされているが、実際にはその七五パーセントは、選挙運動の借金の支払いとトランプの次なる政治活動のために蓄えられていて、二五パーセントはRNC（共和党全国委員会）へ流れている。

トランプ陣営も共和党の大多数の議員もこれまで大統領の敗北を認めず、おそらくバイデン政権発足後も、「不正な選挙で勝った正統性のない政権」と非難を続けるであろう背景には、分断された有権者からカネを吸い上げる「選挙商法」が成り立っているからだろう。

「憲法を停止し、選挙をやり直せ」

大統領恩赦によって十一月末に自由の身になった元国家安全保障補佐官マイケル・フリンが、「憲法を一時停止して、戒厳令を敷き、選挙をやり直せ」とトランプ大統領に呼びかけた。

この呼びかけは超保守派ティーパーティ系団体の、もし議会も裁判所もトランプの敗北をひっくり返せないなら「戒厳令を敷いて、米軍を投入し、フェアで自由な選挙をやり直すべきだ」というアピールに応じたものだ。

これは保守系の新聞『ワシントンタイムズ』の全面広告として公表されたものだ。アピールは「今日、世界及び国内の社会主義者・共産主義者左翼によるアメリカ合衆国への脅威は、南北戦争を含めリンカーンやわが国民がこれまでの歴史で経験した以上に深刻なものである」として〈アンティーファ〉や〈ブラックライヴズ・マター〉運動を極左暴力主義だと非難したうえで、社会主義者らがこの選挙を盗むことをトランプ政権が阻止できなければ「銃声が差し迫っている、阻止が失敗すれば南北戦争以来の大規模な暴力と破壊が起こるだろう」と警告している。さらに「事態へ対処するため、われわれもみずからの手段を選択する以外に道はなくなる。権力がわれわれを守らないならば、われわれ自身が自分の権利を守るしかない」と結んでいる。

文書は過激で非現実的に思えるが、選挙の不正を訴え続ける弁護士シドニー・パウエルも「選挙を行うために軍事法廷を設置すべきだ」と訴え、共鳴するトランプ支持者はけっして少なくない。トランプ大統領の十二月二日の四十五分にわたる録画による記者会見も、ほとんど全編、選挙の不正を訴え、「あと四年」の正統性をまくしたてるものだった。

権力の座にある者があらゆる手段と法を駆使して権力の座を渡さない状況を、イタリアのファシズム研究者ルース・ベンギアトは通常の軍事クーデターとは異なる、きわめて現代的な「自己クーデター（auto-coup, self-coup）」と呼び、「法の場での戦争行為」と位置付けている。そしてバイデンと民主党、メディアは、トランプと支持者の主張に対して「勝者の高みに立って『現実離れしている』とあざ笑うのではなく、真剣に強く」対応しないと、取り返しのつかない事態に陥る、と警告を発している。

「ムッソリーニは犠牲者そのものだったのです。ヒトラーもそうです。彼らは民主主義のリーダーのように国民を代表していたのではなく、国民を体現していたのです。国民の苦悩、夢、希望そのものが彼らの体になっていたのです。二〇一六年に出てきた時、トランプは『世界はアメリカに対して不正を行っている。自分はそれを救済するのだ』と語っていました。トランプは国民の声になろうとしていたのです。いまトランプは、選挙は不正だと言っています。これは二〇一六年の時点から、負けた時のために言い始めていたことです。でも彼は負けませんでした。これはたいへん古いレトリックです。トランプがたとえホワイトハウスを離れても、この〈犠牲となった者への異常な崇拝〉は、支持者の間でずっと育っていくでしょう」。

アメリカは誰のものか

十二月十一日、大統領選をめぐる法廷闘争が事実上、終わった。

ペンシルベニア、ジョージア、ミシガン、ウィスコンシンの四州の選挙過程は憲法に違反しているため、選挙結果を無効にし、州議会によって選挙人を選出すべきだ、というテキサス州司法長官の訴えが連邦最高裁によって却下されたのだ。

連邦最高裁判所は「他州の選挙方法に対して訴えを起こすことに対するテキサス州の法的利益が示されていない」と言う判断を七対二で下し、この訴えを退けた。トランプ大統領自身が判事に指名し、一縷の望みを託していたカヴァノー、ゴーサッチ、バレットの三人の保守派最高裁判事も、却下の判断を示した。トランプ大統領の仕掛けた五十一の法廷闘争は、そのうちの五十で門前払いか無効判断を下されるという無残な敗北に終わった。

最後の頼みの綱だった連邦最高裁に一蹴されたトランプは、「最高裁には本当に失望した。知恵もなければ勇気もない！」と捨て台詞をツイートに残した。そして「闘争はまだつづく」とフォックスニュースのインタビューで語った。

選挙結果を覆そうというテキサス州の訴えには、トランプが選挙で勝利した十七州の司法長官と、上下両院合わせて百人を超える共和党議員が賛同していた。

最新の世論調査によれば、共和党支持者の七二パーセントが「バイデン当選の選挙結果を信用していない」と回答しており、「トランプ大統領がいまやっていることは正しいと思うか」という問いに九〇パーセントが「正しいと思う」と答えている。

法廷闘争の敗北を受けて、SNS上では、トランプ支持の極右団体による「連邦最高裁がこの国を救えないのなら、軍はどこにいる?」「もし大統領が軍を動かさないのなら、われわれがやるしかない。血なまぐさくなるだろう」などという過激な行動への呼びかけが続いている。

そして連邦最高裁の決定を不服とする州を集めて、「南部諸州でもう一度立ち上がるのだ」と合衆国からの分離を煽る投稿も数多く出まわっている。トランプ大統領にこうした煽動を押さえようという意欲はまったく見えない。

十二月十二日夜にはホワイトハウス前に集まったトランプ支持の武装グループとバイデン支持者の間で衝突が起き、四人が刺され、一人が撃たれて病院に搬送された。

法定闘争が集結した同じく十二月十一日、米国食品医薬品局はファイザー社の新型コロナウイルスワクチンに、初めて緊急使用許可を出した。まず、医療従事者や施設の高齢者を対象に二百九十万回分のワクチンが供給された。そして十二月十四日、全米各州でいよいよワクチンの接種が始まった。ニューヨークで最初にワクチンの注射を受けた黒人の女性医療従事者は「これで苦しい時代の終わりがやっと始まる」と語った。

一月二十一日に最初の感染者が出た米国のこの日までの総感染者数は、千六百五十万八千六十七人に達し、死亡者は三十万三百八十二人にのぼっている。

最初のワクチン接種が各地で行われていた頃、各州の選挙人投票で、民主党のバイデン候補が大統領選挙の開票結果通り、三百六人の選挙人を獲得し第四十六代米国大統領に就任することが確定した。いつもならば形式的な手続きで、話題にものぼらない選挙人投票の結果を、世界中のメディアが速報で伝えた。

米国には二つの交わらない世界が存在している。それは、いつか自然に和解と宥和が訪れることを想像できるようなものではない。視聴するテレビ局の世界観も、通う教会の宗教観も、銃の所持と使用についての世界観も、「新型コロナウイルス」という脅威が存在するかどうかという考え方も、そしてこの国の歴史についての世界観もまったく異なっていて、交わることのない二つの世界に生きる人びとが、アメリカ合衆国という、逃れようもないひとつの地理空間に住んでいる。英語という同じ言葉で「自由」や「平等」や「神」を語っても、それが指し示す内実はまったく異なっている。

二〇一七年一月二十一日、トランプ大統領就任式直後にスパイサー報道官が述べた「オバマ前大統領の就任式の人出より多かった」と言う発言を擁護する大統領顧問ケリアン・コンウェイが、「それは虚偽ではなくオールタナティブ・ファクト（もうひとつ別の事実）だ」と語ったように、この二つの世界の住民たちは〈ファクト〉の世界と〈オールタナティブ・ファクト〉の世界をそれぞれが生きている。

そして、普段は交わることのないこの二つの世界が一瞬交わり、〈支配と征服〉のために、すべての富と知恵とエネルギーを注ぎ込み火花を散らすのが、米国の大統領選挙だ。

〈オールタナティブ・ファクト〉の世界に住むトランプ支持者たちの思考は一貫している。彼らはことさらに「この選挙」だけを不正だと考えているわけではない。彼らにとっては「黒人大統領」が当選するような選挙は不正であり、有色人種やＬＧＢＴＱの人びとが推す候補者が大統領になるような選挙は、「正当な選挙であるわけがない」のだ。もしそんなことが起きるなら、それは「不正」があったからに外ならず、そんな現実を受け入れることはできないのだ。それは、トランプ大統領が選挙戦の間、言いつづけていたように「わたしは負けない。負けるとすれば、唯一、この選挙に不正があったときだけだ」という発想と一致している。彼らの闘いは、二〇四〇年代には否応なく米国の人口構成の五〇パーセントを切って「マイノリティ」になることが運命づけられていることを恐怖する者たちの必死の抵抗戦なのだ。

次期大統領に決まったとき、バイデンは「和解と宥和」を呼びかけたけれども、その勝利演説が、どこか頼りなく響いたのは、実はこの「異なる二つの世界」の住民たち自身が「和解」も「宥和」もするつもりはなく、お互いにその可能性も信じていないからではないだろうか。

トランプ大統領が法の手続きの中で抵抗できる余地は、もはやない。そして、言葉と法を超えたところには、むきだしの暴力しか残っていないだろう。

あとがき

二〇二〇年の米国大統領選挙は、「トランプの選挙」だった。勝ったのは民主党ジョー・バイデンなのだが、ドナルド・トランプの自己陶酔のエネルギーと支持者の熱狂ぶりは、政策論争を押しのけ、その姿と影をきわだたせた。それは、ギリシャ神話に登場する、別々の動物の頭と胴体を持つ怪物キマイラのような米国の半身の影そのものだった。その影を追った記録が本書だ。

新型コロナウイルスの感染をトランプ政権下で迎えた米国民は不運だったが、トランプ自身も不運だった。あのまま好調な経済が続いていれば、選挙は圧倒的に有利だっただろう。ちょうどウイルスの感染が拡大する時期、弾劾裁判の渦中にいたトランプは「新型コロナ」どころではなかった。そしてそれ以降は、「再選」だけが頭の中にあって、これまた「感染対策」どころではなかったのだ。結局、トランプ大統領にとっては「新型コロナウイルス」はいつでも、「それどころではない」ものにすぎなかったということだろう。

本書は、米国メディアの定点観測としてテレビ朝日社内に宛てて不定期に書き送ってきたリポートが元になっている。選挙戦の途中からウェブジャーナル『独立メディア塾』（共同代表・関口宏、君和田正夫）が掲載してくれた。

メディアの動きに関心を寄せて選挙を見てきたので、「コロナ、トランプ、メディア戦争」という副題にした。タイトルについては、本文の最後の「アメリカは誰のものか」に込めた思いをあらわした。

新型コロナウイルスをめぐるトランプ政権の対応や、選挙戦を中心に繰り広げられたメディアの苛烈な戦いの記述は、米国内外のさまざまなメディアのニュース映像、記事に拠っている。主要な新聞、雑誌、テレビニュースのほか、〈インフォウォーズ〉や〈ニューズマックスオンライン〉などのトランプ支持の過激なウェブサイトにも目を通した。

ニューヨークが不要不急の外出禁止となった三月下旬以降は、マンハッタンの外に足を運ぶこともままならなくなったので、テレビや新聞やネットにあふれかえる情報だけが自分の現実になった。前著『マンハッタン極私的案内』（水声社）は、新型コロナウイルス前の、今となってはまぶしいようなニューヨークの街を歩き回った記録だったが、今度は自分の部屋に押し寄せる情報の洪水を掻きわけながらの記録となった。

本にまとめるにあたって、木村妙子さんにはまた背中を押してもらった。水声社の鈴木宏社主には、東京でも猛威をふるう新型コロナウイルス禍の下、困難な状況にもかかわらず、出版を決断していただいた。

お二人に感謝します。編集部の板垣賢太さんの的確な指摘と丁寧な仕事ぶりに、今回もお世話になった。ありがとう。

アメリカはどこへ行くのだろう。

二〇二〇年十二月十七日

武隈喜一

著者について——

武隈喜一（たけくまきいち）　一九五七年、東京都に生まれる。一九八〇年、上智大学外国語学部ロシア語学科卒業。一九八二年、東京大学文学部露文科卒業。一九九四～九九年、テレビ朝日モスクワ支局長。二〇一二～一三年、北海道大学スラブ研究センター客員教授。二〇一六年七月からニューヨーク在住。現在、テレビ朝日アメリカ社長。著者に、『黒いロシア　白いロシア——アヴァンギャルドの記憶』（二〇一五）、『マンハッタン極私的案内』（二〇一九、ともに水声社）、編訳書に、『ロシア・アヴァンギャルドII　演劇の十月』（一九八八）、『ロシア・アヴァンギャルドI　未来派の実験』（一九八九、ともに共編、国書刊行会）などがある。

絶望大国アメリカ——コロナ、トランプ、メディア戦争

二〇二一年一月一〇日第一版第一刷印刷　二〇二一年一月二五日第一版第一刷発行

著者——武隈喜一

装幀者——宗利淳一

発行者——鈴木宏

発行所——株式会社水声社

東京都文京区小石川二—七—五　郵便番号一一二—〇〇〇二

電話〇三—三八一八—六〇四〇　FAX〇三—三八一八—二四三七

［編集部］横浜市港北区新吉田東一—七七—一七　郵便番号二二三—〇〇五八

電話〇四五—七一七—五三五六　FAX〇四五—七一七—五三五七

郵便振替〇〇一八〇—四—六五四一〇〇

URL : http://www.suiseisha.net

印刷・製本——精興社

ISBN978-4-8010-0545-7